Thomas Schwartz

Auch Jesus
hatte schlechte Laune

Thomas Schwartz

Auch Jesus hatte schlechte Laune

Überraschendes aus der Bibel

HERDER

FREIBURG · BASEL · WIEN

MIX
Papier aus verantwor-
tungsvollen Quellen
FSC® C083411

2. Auflage 2018

© Verlag Herder GmbH, Freiburg im Breisgau 2017
Alle Rechte vorbehalten
www.herder.de

Umschlaggestaltung: wunderlichundweigand,
Stefan Weigand
Satz: post scriptum, Vogtsburg-Burkheim / Hüfingen
Herstellung: CPI books GmbH, Leck

Printed in Germany

ISBN Print 978-3-451-37669-6
ISBN E-Book 978-3-451-81112-8

Inhalt

Einleitung

Das Zustandekommen dieses Buches ist ebenso überraschend wie sein Inhalt: Denn dass eine Predigt nicht nur gehört wird, sondern sogar zu einer Einladung führt, über diese Predigt ein Buch zu schreiben, hat schon etwas Überraschendes an sich.

Andererseits: Die Heilige Schrift ist gespickt mit aufregenden Geschichten. Sie sind nicht nur außerordentlich gut geschrieben, sondern sie verweisen auf mehr: Denn die Bibel ist nicht nur eine Sammlung von einzelnen Geschichten und Episoden. Vielmehr erzählt sie eine große Geschichte. Eine große Geschichte, die Gott mit seiner Schöpfung, seinem Volk Israel und uns Menschen zusammen schreibt.

Die Heilige Schrift überliefert diese Geschichte nicht in der distanzierten und unbeteiligten Art eines Historikers. Ihre Autoren möchten vielmehr Zeugen dafür sein, wie sie selbst und ihre Zeitgenossen diese Geschichte Gottes erfahren haben. Dabei kommt es – wie in jedem Werk wirklicher Weltliteratur – durchaus vor, dass spätere Generationen etwas hinzufügen oder wegnehmen oder jemand noch einmal »kritisch« über den Text schaut und Korrekturen vornimmt. Das ist nicht immer hilfreich, geschieht aber eben auch in den besten Geschichten.

Sei es wie es sei: Gerade diese Vielfalt und Konstanz der Auseinandersetzung mit dem »Buch der Bücher« macht es für uns heutige glaubende und suchende Menschen noch immer zu einer Quelle von Überraschungen. Und das wird, weil Gott im Spiel ist, auch

immer so bleiben. Gott ist ein Gott, der überrascht.

In der Regel entdecken wir den Reichtum
und die überraschenden Geschichten der Bibel
nicht allein, sondern in Gemeinschaft. Diese
Gemeinschaft kann die Familie sein, die Pfarr-
gemeinde oder eine andere Gruppe. Ich durfte
schon als Kind mit meinen Eltern und Groß-
eltern Erfahrungen mit der Heiligen Schrift
machen und wurde dabei ein ums andere Mal
überrascht. Deswegen möchte ich meinen Eltern, Wilhelm und Elisabeth Schwartz, dieses
Überraschungsbändchen auch in Liebe und
Dankbarkeit widmen.

Mering, im Dezember 2016
Thomas Schwartz

– 1 –
Weihnachten beginnt schon im März

Viele von uns freuen sich jedes Jahr zwar auf Weihnachten, regen sich aber immer wieder darüber auf, dass schon nach den Sommerferien in den Supermärkten Weihnachtsgebäck und Glühwein angeboten werden. Hätte das nicht Zeit bis zum Advent? Auch die Weihnachtslieder, die mitunter ab November in den Kaufhäusern erklingen, ärgern uns. Der Schnee kann ja gerne rieseln, aber der rieselt halt leise. Dieses ganze Brimborium sollte man doch bitte schön auf die Zeit nach dem 1. Advent verschieben. Schließlich ist es ja mit

Weihnachten noch lange hin. Und man soll Feste feiern, wie sie fallen, und nicht, wenn es uns von der Werbeindustrie vorgeschrieben oder in den Konsumtempeln unserer Gesellschaft zelebriert wird! Das hat nichts mit Spießigkeit und Zeigefinger zu tun, sondern: Es nervt einfach.

Dieser Ärger ist nachvollziehbar, aber eigentlich trotzdem »falsch«. Denn schon ein Blick in die Geschichte der Kirche zeigt, dass es früher durchaus längere Vorbereitungszeiten auf Weihnachten gegeben hat. Der Advent dauerte in der alten Kirche vom 11. November bis zum Fest der Epiphanie, also dem 6. Januar. Nur hatte er nichts – wirklich gar nichts – mit pappsüßen Schokoweihnachtsmännern und seichter Dauerbeschallung zu tun. Ganz im Gegenteil. Der Advent galt früher als strikte Fastenzeit. Er war eine geschlossene Zeit, also eine Periode, in der Tanz und andere öffentliche Vergnügungen verboten waren.

Kaufhäuser zu, Schlittschuhbahnen auch und Glühweinmärkte sowieso? Na, übertreiben wir es mal nicht. Aber interessant ist es schon: Die Vorbereitung auf Weihnachten dauerte bei früheren Generationen wesentlich länger als bei uns. Das hat übrigens nicht nur etwas mit Tradition zu tun, sondern vor allem auch mit der Bibel. Ein Blick in das Neue Testament genügt. Denn dort beginnt die Adventszeit – und damit die Vorbereitung auf das Fest der Menschwerdung – nicht erst am 1. Advent (wann immer wir diesen Tag auch im Kalender festlegen möchten), sondern nach dem biblischen Zeugnis des Lukasevangeliums bereits viel früher. Darauf verweist ein kirchliches Hochfest, das den wenigsten von uns bekannt ist: das Fest der »Verkündigung des Herrn« am 25. März.

Bei diesem Fest geht es darum, dass, wie es der Evangelist Lukas beschreibt, der Engel Gabriel nach Nazareth zu einer Jungfrau gesandt wird, deren Name Maria ist. Aber noch einmal von Anfang an. Gott schickt den Erzengel zu Maria. Er soll ihr mitteilen, dass sie – obwohl unverheiratet und von keinem Mann berührt – ein Kind empfängt. Die Antwort Mariens ist so berühmt wie schlicht: »Ich bin die Magd des Herrn. Mir geschehe, wie Du es gesagt hast.« Aber zuvor verlangt sie im Grunde noch eine überzeugende Erklärung. Klar, sie will wissen, wie das wohl alles ablaufen und vor allem klappen soll. Immerhin weiß auch Maria um den Zusammenhang von Zeugung und Geburt, so ist es ja nicht. Die Antwort des Gottesboten ist ebenso geduldig wie theologisch tiefgründig. Er erklärt ihr genau, dass der Heilige Geist über sie kommen werde. Dies ist übrigens ein Hinweis auf die neue Schöpfung, die sich in der Person Jesu Christi ereignet. Denn auch bei der Erschaffung der Welt war dieser Geist beteiligt. Damals schwebte er über den Wassern. Dieser Geist Gottes ist es nun, der als kreatives, ja man könnte sogar sagen als prokreatives

Prinzip Leben schafft. Da Maria – und auch den Lesern dieser Begebenheit – der biblische Schöpfungsmythos durchaus geläufig gewesen sein musste, verstand zumindest damals jeder, dass sich mit der Verheißung des Engels eben etwas grundlegend Neues ankündigte. Aus dem Chaos entstand im Buch Genesis durch Gottes schöpferischen Geist die Ordnung der Schöpfung. Es »wurde« etwas, von dem nichts anderes gesagt werden konnte, als dass es »gut« war. Diese Schöpfungsordnung, in der alles gut ist, heißt im Hebräischen übrigens »Shalom« – Friede. Auch Jesu Auftrag in dieser Welt wurde mit diesem Satz charakterisiert: die ursprüngliche Shalom wiederherzustellen. Anders ausgedrückt: Er sollte ein Friedenskönig werden.

Das könnte man manchmal beim Anstehen in der Schlange, Bratwurstduft und den Ellbogen vom Vordermann in der Nase, vergessen. An Weihnachten geht es um Frieden. Und die Vorbereitung darauf sollte genau das sein: friedlich. Der Geist Gottes macht den Menschen zum Friedensstifter – wenn der es zulässt. Maria hat es zugelassen, eben an jenem Tag im Gespräch mit dem Engel. Die Menschwerdung Jesu beginnt also schon hier. Weihnachten fängt biblisch und theologisch dementsprechend bereits im März an. Und so wie es ein ganzes Leben braucht, um schließlich mit Gott endgültig in Einheit leben zu können, ist es in gewisser Weise das Kirchenjahr (ohne die Fastenzeit), das den Christen die Vorbereitung auf dieses Heilsgeschehen ermöglichen soll. Deshalb: Lassen wir uns nicht zu sehr nerven. Wünschen wir uns nicht zu verbissen, der verdammte Vorweihnachtsspuk sei möglichst schnell vorbei. Freuen wir uns lieber. Das ist doch eine tolle Überraschung für alle Weihnachtsfans, also hoffentlich uns alle: Weihnachten ist nicht nur die paar Tage im Dezember, sondern beginnt schon im März.

– 2 –
Eva schützt Adam!

Schon komisch: Warum eigentlich wird in der biblischen Schöpfungsgeschichte des Buches Genesis zweimal von der Erschaffung des Menschen berichtet? Und dann auch noch unterschiedlich. Tja, es soll hier mal nicht darum gehen, dass man literarkritisch von zwei verschiedenen Quellen mit unterschiedlichen Redaktionsschichten spricht, und auch andere Fachtermini seien geschenkt. Interessanter ist ja eigentlich, dass heute bei der allgemeinen Forderung nach Gleichberechtigung von Mann und Frau der erste Schöpfungsbericht des Menschen (Gen 1,26–28) gerne dem zweiten Schöpfungsbericht (Gen 2,21–23) vorgezogen wird. Na klar, welche Frau will schon gerne aus der Rippe des Mannes geschaffen worden sein? Da ist es doch viel sympathischer, überdies theologisch auch gehaltvoller und entspricht darüber hinaus unserem heutigen genderbewussten Mainstream, dass im ersten Schöpfungsbericht einfach davon gesprochen wird, dass Gott den Menschen als sein Abbild schuf, und zwar »als Mann und Frau«.

Es ist auch nachvollziehbar, dass die Aussage, der Mensch sei als Mann und Frau geschaffen worden, heutigen Lesern der Heiligen Schrift näher ist und auch den gesellschaftlichen Forderungen nach Ebenbürtigkeit und gleichen Rechten beider Geschlechter mehr entgegenkommt, als jene etwas sperrige zweite Erzählung. Doch ganz so einfach ist es nicht. Denn die zweite Erzählung hat es durchaus in sich. Es geht dem zweiten Schöpfungsmythos nämlich nicht um die Ebenbürtigkeit von Mann und Frau, sondern um das, was den Menschen glücklich macht, und zugleich um die besonderen Aufgaben, die den Geschlechtern in biblischer Sicht zugesprochen werden.

Gott erkennt: Es ist nicht gut, dass der Mensch allein bleibt. Aber die Hilfe, die ihn gut leben lässt, muss ihm auch entsprechen. Deswegen formt er aus der Rippe des Mannes die erste Frau. Adam erkennt: Das ist endlich Bein von meinem Bein und Fleisch von meinem Fleisch (vgl. Gen 2,23). Endlich hat er ein gleichberechtigtes Gegenüber, das ihn verstehen und ihm nahekommen kann, das er nicht wie Gott zu fürchten oder wie den Rest der Schöpfung zu beherrschen hat. Soweit der Mythos.

Dabei nimmt die Frau eine ganz wesentliche Funktion gegenüber dem Mann ein. Wozu brauchen wir denn die Rippen? Sie bilden unseren Brustkorb. Dort schlägt unser Herz. Die Rippen schützen also das Herz des Menschen. In der Sprache der Bibel ist das »Herz« aber nicht einfach nur das zentrale Organ unseres Blutkreislaufes. Der Begriff »Herz« steht in der Bibel vielmehr für die innerste Mitte einer Person. Für sein Gewissen, seine gesamtmenschliche und ethische Identität.

Wenn nun also Eva aus der Rippe Adams genommen ist, so ist es im biblischen Denken eine zentrale Aufgabe der Frau, das Gewissen des Mannes zu schützen. Sie schützt ihn vor all dem, was ihn in seiner sittlichen und charakterlich guten Identität gefährden könnte. Eva macht Adam also zu einem guten Menschen!

– 3 –
Ostern ist Frauensache

Ostern ist voller Überraschungen! Schauen Sie sich nur einmal die Evangelien dazu an: Da ist zum einen vor allem von Frauen die Rede. Und nicht nur von einer, sondern von einer ganzen Reihe, deren Namen wir auch zum Teil sogar noch kennen (Maria Magdalena, Johanna, Maria, die Mutter des Jakobus). Sie sind die eigentlichen Protagonistinnen des Ostergeschehens. Die Frauen bezeugen die Osterbotschaft. Nicht die Männer stehen in der ersten Reihe. Die Frauen sind es, sie gehen voran, sind mutig, lassen sich nicht einschüchtern.

Heute ist das völlig anders. Eigentlich wird in unseren Gottesdiensten die Osterbotschaft nur von Männern verkündet. Das beginnt in der Osternacht beim Osterlob, das in der Regel von einem Diakon oder einem Priester verkündet wird, und setzt sich bis zur Osterbotschaft des Papstes männlich fort. Auch das überraschend, wenn man daran denkt, wer eigentlich die Ersten waren.

Und damit sind die österlichen Überraschungen noch nicht zu Ende. Die Frauen kommen zum Grab – und der Stein ist weggewälzt worden. Wer soll das gewesen sein? Dafür braucht es schon ein paar starke Männer. Die Frauen wundern sich noch, gehen aber ins Grab hinein und finden es leer. Zunächst gehen sie wohl davon aus, dass der Leichnam Jesu aus dem Grab gestohlen worden ist.

Anstatt jedoch auf Hinweise für einen Grabraub treffen die Frauen auf zwei Männer in leuchtenden Gewändern, die ihnen die

Frage stellen: »Was sucht ihr den Lebenden bei den Toten?« (Lk 24,5) Wenn diese Botschaft für die Frauen keine Überraschung bedeutet, dann gibt es keine auf Erden. Denn wo sollte man einen Gemarterten, Hingerichteten und vor aller Welt Gestorbenen denn sonst suchen als in seinem Grab! Und wie sollte ein Toter wieder leben?

Die Frauen erinnern sich in diesem Moment an die Worte, mit denen Jesus seinen Tod und seine Auferstehung angekündigt hatte. Und sie verstehen. Sie verstehen ein Geschehen, das andere völlig verständnislos zurücklassen würde. So gehen sie zurück und finden bei den Jüngern, bei denen also, die den Weg Jesu am längsten mitgegangen waren und seine Worte – auch jene von Tod und Auferstehung – häufig gehört haben mussten, kein Verständnis. Diese Jünger hätten doch eher als die Frauen mit dieser Botschaft etwas anfangen können müssen. Aber die Jünger halten die Botschaft der Frauen für Geschwätz.

Nur Petrus nicht. Er will das Ganze doch noch einmal nachprüfen und – Überraschung! – findet alles so vor, wie die Frauen es geschildert hatten. Nichts war von den Damen hinzugefügt und nichts war weggelassen worden. Verwundert kehrt er zu den anderen Jüngern zurück – er versteht immer noch nicht. Dafür braucht der Erste der Apostel noch ein bisschen.

Das ist so wichtig: Nur eine Kirche, die offen ist für Überraschungen, wird Ostern verstehen und in lebendiger Gemeinschaft mit dem Auferstandenen leben können. Oder, wie es Papst Franziskus so gerne sagt: »Gott ist der Gott der Überraschungen. Gott ist immer neu.« Selten wird uns das so deutlich, wie bei der »Frauensache Ostern«.

– 4 –
Jona hatte
keine(n) Wa(h)l

Die Geschichte kennt man: Da kommt ein Walfisch, verschluckt den Propheten Jona, schwimmt ein bisschen mit ihm herum und speit ihn wieder aus, an den Gestaden von Ninive. Ausgerechnet Ninive, Bild einer gottlos gewordenen und gottvergessenen Großstadt der Antike, von denen wir ja heute auch so einige kennen.

Die Moral der Geschichte scheint schnell erzählt: Gott fordert Gehorsam und wenn nötig, dann erzwingt er ihn sogar. So einfach? Nicht ganz! Ein genauerer Blick macht deutlich, worum es dem Verfasser eigentlich ging. Der unbekannte Autor war alles andere als ein Bußprediger für die gottlosen Massen! Seine Kritik wendet sich nicht an die Gottlosen und an die Heiden. Andersherum wird ein Schuh draus! Es ist vielmehr eine Satire auf jüdische Selbstgerechtigkeit – übrigens mit dem typischen Humor jüdischer selbstironischer Geschichten. Deutlich ist der Gegensatz zwischen Jona, dem zum Propheten berufenen Juden, der wegzulaufen versucht als ihm tatsächlich von Gott ein Auftrag gegeben wird, und den Bewohnern von Ninive. Wer sind da die Auserwählten? Der »Prophet« missachtet Gott, während die Nichtjuden eilfertig sind.

Aber der Reihe nach. Gott ruft Jona, seinen Propheten, er hat einen Auftrag für ihn. Er soll der Stadt Ninive Unheil verkünden. Das will er aber nicht, sondern er nimmt das erstbeste Schiff, um damit nach Tarschisch zu fliehen. Tarschisch liegt ganz im Westen der damals bekannten Welt. Eine Schiffsreise ist zwar bequemer, aber auch mindestens genauso gefährlich wie eine Reise mit Kamelen oder anderen Reittieren durch die Wüste und unwegsame Gegenden. Durch diese hätte Jona reisen müssen, wenn er Gott gleich gehorcht hätte und nach Ninive aufgebrochen wäre. Wie gesagt, eine Schiffsreise ist zwar durchaus angenehmer als eine Reise durch die Wüste. Ungefährlich ist sie trotzdem nicht. Jona erlebt das am eigenen Leib, als ein schwerer Sturm ausbricht und das Schiff, mit dem der Prophet vor seiner Mission zu fliehen versucht, in Seenot gerät. Der Prophet hatte es sich im Schiffsbauch bequem gemacht und schläft fest, während die nichtjüdischen Seeleute zu ihren Göttern beten (Jon 1,5). Als er, der eigentliche Gottesmann, von den anderen Reisenden aufgefordert wird, um Rettung zu beten, teilt er ihnen lakonisch mit, das Schiff werde nur zu retten sein, wenn man ihn über Bord werfe. Es ist bezeichnend für die Frömmigkeit der Seeleute und der anderen Mitreisenden, dass sie eine solche Tat – in gewisser Weise ein Menschenopfer – ablehnen. Sie knicken erst ein, als scheinbar keine andere Wahl mehr bleibt. Vorher hatten sie Jona wirklich überrascht, denn: Er wollte sie herausfordern und zu dem auffordern, was die Heiden nach der Vorstellung Israels ausgemacht hat, dass sie nämlich – anders als Israel – offen für Menschenopfer seien. Der Prophet fordert sie also in gewisser Weise dazu auf, als Heiden zu handeln, obwohl sie selbst eher den hohen sittlichen Ansprüchen und der Ablehnung des Menschenopfers entsprochen haben, die nach der Vorstellung Israels das auserwählte Volk charakterisiert hat. Mit anderen Worten: Die Heiden wollen eigentlich nicht das tun, was Israel von ihnen erwartet. Vielmehr tun sie genau das, was man von einem gottesfürchtigen Vertreter des Volkes Israel erwartet hätte.

Sie handeln erst dann nach den Erwartungen Israels, als der Prophet sie dazu drängt. Dass Gott dieses von Jona veranlasste Menschenopfer nicht annimmt, sondern auch auf krummen Wegen gerade schreibt, zeigt sich in der anschließenden »Rettung« Jonas. Statt zu ertrinken und damit ein Menschenopfer zu werden, wird der Gottesmann von einem Fisch verschluckt. Übrigens wird an keiner Stelle von einem Wal berichtet! Wahrscheinlich hat sich das Bild des Wales deswegen in der Überlieferungstradition eingebürgert, weil er als das größte und mächtigste Meereswesen galt und gilt. Außerdem hatten schon in der Antike Delfine, die kleineren Brüder der Wale, den Ruf, menschenfreundliche Retter in höchster Seenot zu sein.

Dieses Tier, keine Ahnung, ob Wal oder Fisch, verschluckt also im Auftrag Gottes den Propheten und transportiert ihn an die Küste Ninives – und zwar in atemberaubender Geschwindigkeit! Drei Tage nach dem Sturm landet er dort vor den Toren der Stadt. Auf dieser Reise, diesmal im Bauch des Fisches und nicht im Bauch des Schiffes, schläft er nicht, sondern wendet sich wieder seiner eigentlichen Aufgabe als Gottesmann zu: Er betet. Dabei orientiert er sich an seiner eigenen jüdischen Identität. Er betet im Bauch des Fisches Psalmen. Genau das ist es, was auch das Volk Israel immer wieder an das Heilshandeln Gottes erinnern soll, wenn es in Not ist. Und es funktioniert. Gott befiehlt dem Fisch, ihn wieder auf festen Boden zurückzubringen.

Jona will nach Westen fliehen und wird vom Fisch nach Osten gebracht. Dieser spuckt ihn just in dem Moment vor Ninive aus, als Jona das Gebet spricht: »Vom Herrn kommt die Rettung« (Jon 2,10). Das muss übrigens mit der Kraft einer Langstreckenrakete geschehen sein, denn Ninive liegt nicht am Meer, sondern Hunderte von Kilometern im Landesinneren.

Gerettet ist Jona, aber richtig dankbar? Nicht wirklich. Immer noch lustlos und wohl mit desinteressierter Stimme übernimmt Jona nun seine Aufgabe und droht der Stadt und ihren Bewohnern Vernichtung und Untergang an. Genauso, wie es Gott von Anfang an von ihm gefordert hatte. Er braucht dazu übrigens genauso lange, wie er im Bauch des Fisches unterwegs gewesen ist, nämlich drei Tage. Lust hat Jona keine, aber Erfolg! Die Niniviten, angefangen von ihrem König bis hin zum niedrigsten Sklaven, bereuen und kehren um. Selbst die Tiere tragen Sackleinen, enthalten sich des Trinkens und rufen zum Herrn um Erbarmen (Jon 3,7 f.). Und Gott hat Erbarmen. Er macht seine Drohung nicht wahr, sondern verschont die Stadt.

Das wiederum gefällt dem Propheten ganz und gar nicht. Er wird zornig, wie es heißt. Und er beklagt sich bitterlich beim Herrn und versucht in diesem Zusammenhang auch gleich seine Flucht zu rechtfertigen. Er habe doch gewusst, dass Gott sich von der Reue der Niniviten rühren lasse. Wie stehe er jetzt da. Gott mache ihn vor aller Welt unglaubwürdig als Propheten. So frustriert ist der gute Jona, dass er am liebsten sterben würde.

Er verlässt die Stadt, setzt sich unter ein selbstgefertigtes Laubdach und schaut, ob er mit seiner Klage Gott doch dazu bewegen kann, Ninive zu vernichten. Gott will ihm eine Freude machen und lässt ihm einen Rizinusbusch wachsen, in dessen Schatten er es gemütlich haben sollte. Das gefällt Jona dann schon, wenigstens ein bisschen. Doch der dem Jona Schatten spendende Busch wächst in einer Nacht und vergeht ebenso plötzlich (Jon 4,6 f.). Nun wird es heiß – sprichwörtlich. Die Sonne sticht dem Propheten auf den Kopf, sodass er fast ohnmächtig wird. Und wieder klagt er zu Gott und wünscht sich den Tod.

Gott wiederum scheint das ewige Gemecker und Genörgle satt zu haben, zumindest könnte man es so verstehen, denn er erteilt Jona eine Lektion: Er solle sich einmal genau überlegen, was er von Gott fordere. Über einen Strauch, für den er nichts getan habe, sei er todtraurig, aber Gott dürfe nicht Barmherzigkeit zeigen, wenn es um eine Stadt mit mehr als hundertzwanzigtausend Menschen gehe?

Jona erlebt so einige Überraschungen in diesem Buch und der Leser natürlich auch. Am meisten verwundert es, dass die Schrift hier so kritisch mit dem traditionellen Verständnis Israels als dem auserwählten Volk Gottes ins Gericht geht. Das Buch Jona betont in unnachahmlicher Weise – und mit viel beißendem Humor – den universalen Heilswillen Gottes gegen die partikulären Interessen des jüdischen Establishments, das ja gerade die besondere Stellung Israels gegenüber allen anderen Völkern betonte. Mit einem Wort: Jona als Vertreter der jüdischen, und vielleicht einer jeden religiösen Tradition, kann machen, was er will: Die barmherzige Liebe Gottes wird sich trotzdem immer durchsetzen. Wie? Lassen Sie sich überraschen.

– 5 –
David war kein strahlender Held

Man könnte sagen: Das Interessanteste an der Geschichte Davids besteht darin, dass sie überhaupt in der Bibel steht. Ja, Sie haben richtig gelesen. Es geht um den David, den berühmten König. Wenn man von ihm spricht, leuchten bei vielen Menschen die Augen. Das liegt nicht nur daran, dass er, wie es die Bibel berichtet, sehr gut ausgesehen haben soll. Auch nicht nur daran, dass ihm die biblischen Psalmen zugeschrieben werden. Die Psalmen stellen ja eine unglaublich vielschichtige Sammlung von Liedern, Hymnen und Beschreibungen der Geschichte Gottes mit dem Menschen dar. Für viele Menschen bilden sie noch heute eine Möglichkeit, ihr Leben in all seiner Vielschichtigkeit vor Gott zu bringen. Aber auch das macht nicht das Faszinosum aus, das für die Menschen bis heute mit der Person des König Davids verbunden wird. Was ist es also?

Während gläubige Juden in David einen Propheten sehen, der im Vertrauen auf Gott das Reich Israel zur Blüte brachte, wird David bei Christen als Stammvater der Familie Jesu angesehen. Jesus sollte in Bethlehem geboren werden, weil sein Pflegevater Josef (und vielleicht auch Maria selbst) aus dem »Haus und Geschlecht Davids« stammte (vgl. Lk 2,4). Ganz allgemein wird mit dem Namen Davids Erwählung und Segen verbunden. Der letztgeborene Junge aus einem unbedeutenden Familienclan aus dem ebenso unbedeutenden Flecken Bethlehem schafft es durch Gottes Willen bis an die Spitze Israels.

Die Erwählung durch Gott geschieht dabei in mehreren Phasen, wobei die erste die erstaunlichste ist. Gott ist unzufrieden mit dem König Israels, Saul. Mehr noch: In der Schrift heißt es, »er verwirft ihn«. Saul hat den Befehl Gottes nicht voll und ganz ausgeführt und nach einem erfolgreichen Kriegszug nicht alle Gefangenen, nicht alle Tiere des Unterlegenen und nicht allen Besitz der Besiegten vernichtet, sondern das gezeigt, was wir Heutige gerne als Barmherzigkeit bezeichnen würden. Naja, in Wirklichkeit wollte er wohl auch sein Stück vom Kuchen auf dem Königsteller haben. Jeder Sieger bereichert sich gerne auf Kosten des Besiegten.

Egal: Gott passt das ganz und gar nicht und deshalb verflucht er Saul und seine Nachkommenschaft. Samuel, der Prophet, Richter und große Konkurrent Sauls, kommt auf Geheiß Gottes zu Isai, dem Vater Davids nach Bethlehem. Er soll einen seiner Söhne zum neuen König salben. Überraschung! Nicht der Älteste und nicht der Stärkste werden ausgesucht, sondern der Jüngste und Kleinste, der alters- und statusgemäß als Hirte bei den Schafen draußen zu sein hat. Ihn lässt er herbeibringen und salbt ihn dann vor den Augen aller zum König.

Dieses an sich schon erstaunliche Faktum setzt sich dann fort mit der berühmten Geschichte um Davids Sieg über Goliath. Wobei: Vorher ändert sich nach der Königssalbung für David erst einmal gar nichts. Er bleibt bei seinem Vater und ist ein gehorsamer Sohn. Mehr oder weniger jedenfalls. Denn der Vater schickt David in das Kriegslager Israels, er soll seinen drei ältesten Brüdern etwas zum Essen bringen und sich nach ihrem Befinden erkundigen. Dabei bekommt er so nebenbei die Provokationen Goliaths mit und fordert diesen zum Kampf heraus. Niemand traut ihm das zu, am allerwenigsten der König. Doch David hat Mumm und außerdem eine große Klappe. Er redet und redet und irgendwann überzeugt er alle davon, dass er Goliath besiegen könne. Große Klappe, aber eben auch viel dahinter: Wie einen Löwen oder einen Bären »erlegt« und erledigt er Goliath. Allerdings nicht mit den Waffen des Krieges, sondern mit dem Instrumentarium des Schafhirten: einer Schleuder und den dazu passenden Steinen. Nach seinem Sieg startet David durch und macht Karriere bei König Saul. Nebenbei freundet er sich auch noch innig mit Jonathan an, dem Sohn des Königs, dem er nach dem Willen Gottes ja die Krone streitig machen wird.

David wird in der Folge nicht nur der Musiktherapeut des Königs (denn er spielt wunderbar auf der Zither und beruhigt auf diese Weise den schwer depressiven König), sondern auch sein ebenso erfolgreicher wie skrupelloser Heerführer. Überall hat er Erfolg – zu viel Erfolg. Die Herzen der Israeliten und besonders der Israelitinnen fliegen ihm zu (kein Wunder, denn er war blond, hatte schöne Augen und eine schöne Gestalt, vgl.

1 Kön 16,12) – und Saul wird eifersüchtig. Von nun an geht es in der Beziehung zwischen den beiden bergab. Irgendwann ist es soweit, dass David fliehen muss. Er sammelt eine Gruppe von Söldnern um sich und verdingt sich ausgerechnet einem der Todfeinde Israels, dem Philisterkönig von Gad. In seinem Dienst steht er nun einige Jahre, bis die anderen Könige der Philister kurz vor einer Schlacht an seiner Loyalität zu zweifeln beginnen und der König ihm fristlos kündigt – das werden er und seine Kollegen noch zu bereuen haben.

A propos Loyalität: Immer wieder wird von den Autoren des 1. Buchs der Könige darauf hingewiesen, dass David seinem König Saul gegenüber stets und überall loyal gegenübergetreten sei. Mehrmals hätte er ihn sogar töten können, tat es aber nicht. Im Gegenteil! Doch alles nützt nichts. Saul bleibt bis zu seinem Tod David gegenüber feindlich gesinnt. Ehrlich gesagt: Ein Wunder ist das nicht. Was würden Sie als König tun, wenn da ein junger, offensichtlich begabter und charismatischer Krieger Ihnen Konkurrenz und Ihnen sogar die Sympathie der eigenen Familienmitglieder abspenstig machen würde?

Irgendwann ereilt Saul sein Schicksal. In einer Schlacht gegen die (wen sonst!) Philister werden drei seiner Söhne, übrigens auch Jonathan, Davids bester Freund, erschlagen. Saul stürzt sich in seiner Verzweiflung über deren Tod und in aussichtsloser Lage in sein eigenes Schwert.

Der König ist tot – es lebe der König! Von wegen. Gottes Mühlen mahlen langsam. David wird zunächst nur von seinem eigenen Stamm Juda als König anerkannt und residiert vorerst in Hebron. Ein anderer, eher wenig talentierter Sohn Sauls nimmt dessen Posten ein. David muss noch Jahre warten, bis auch dieser Feind aus dem Weg geräumt und damit der Platz auf dem Thron für ihn frei wird, endlich. Und dafür ist er schon im Jugendalter gesalbt worden?

»Und er regierte lange und in Frieden mit Gott und den Menschen und wenn er nicht gestorben ist ...« Wieder Fehlanzeige! Auch die Regierungszeit Davids ist eine Zeit des Krieges. Aber anders als bei Saul führt David Eroberungskriege. Er will sein Reich nicht verteidigen, sondern erweitern und ausdehnen. Dazu braucht er Ruhe im Innern des Reiches. Das versucht er dadurch zu gewährleisten, dass er die Jebusiterstadt Jerusalem erobert. Jerusalem gehört zu keinem der klassischen Stammesgebiete Israels, liegt aber sehr nahe an seiner Heimat Bethlehem und damit dort, wo er den größten Anhang hat. Sie stellt nicht nur eine »überparteiliche« neue Hauptstadt seines Königreichs dar, sondern liegt auch strategisch äußerst günstig. Zum Beispiel hat sie Wasser, und zwar ganzjährig!

Er baut sich also zuerst eine Residenz – einen Tempel zu bauen wird ihm von Gott verwehrt – und erweitert stetig seine Herrschaft. Alles gut. Wenn da nicht die Frauen wären.

Eigentlich kein Problem in der damaligen Zeit. Ein König konnte sich so viele Frauen leisten wie er sich leisten konnte. Nur bitte keine verheirateten! Ehebruch galt auch schon zu Zeiten Davids als Sünde. Aber genau diese Schuld lädt er, der Erwählte oder der Geliebte (das bedeutet im Hebräischen der Name David), auf sich. Er schwängert Batseba, die Frau seines Freundes und Heerführers Urija, eines Hethiters. Um das nicht zu einem Skandal werden zu lassen, lädt er diesen unter einem Vorwand in seinen Palast, macht ihn betrunken und will ihn dann dazu bringen, mit seiner Frau den ehelichen Pflichten nachzukommen. Da es aber eine Regel gab, wonach Soldaten »rein« sein mussten, also keine sexuellen Kontakte haben durften, wenn sie im Feld standen, da sie nur so in Gottes Auftrag kämpfen und siegen konnten, lässt sich Urija nicht überreden. David reagiert eiskalt, schickt Urija in eine Schlacht, die er nicht überleben kann. Tut er auch nicht und David hat freie Bahn, um die

Witwe zu heiraten. Eine große Sauerei des so strahlenden Heldenkönigs.

Vom Propheten Nathan mit seiner Schuld konfrontiert, bittet David Gott zerknirscht um Vergebung. Allerdings nur solange, bis die Schwangerschaft Batsebas mit einer Todgeburt endet. Dann widmet sich David wieder unmittelbar dem Leben und der Weitergabe desselben. Batseba wird die Mutter Salomos, seines späteren Nachfolgers. Bis das aber geschieht gehen noch etliche Jahre ins Land. Sie sind geprägt von den Intrigen am Hof und bürgerkriegsähnlichen Zuständen im Innern des Reiches. Denn seine anderen Söhne legen sich nicht nur miteinander, sondern auch mit ihrem Vater an, der mit den Jahren alt und behäbig wird.

Besonders dramatisch wird die Situation, als sein Sohn Absalom, bekannt für seine prächtigen langen Haare, sich gegen seinen Vater David erhebt. Diese Revolte wird eine so ernste Gefahr für Davids Herrschaft, dass er sogar aus Jerusalem fliehen muss. Mit List und Tücke und mithilfe erfahrener und rücksichtsloser Mitarbeiter kann er Absalom besiegen, besonders auch deshalb, weil lange Haare offensichtlich für den Krieg nicht geeignet sind. Absalom bleibt nämlich auf der Flucht nach einer verlorenen Schlacht mit den Haaren in den Ästen einer Eiche hängen und wird dort »zwischen Himmel und Erde schwebend« (2 Sam 17,9) von Anhängern Davids abgeschlachtet. Spätestens hier wird einem jeden verständlich, warum Rekruten beim Militär zuerst einmal die Haare geschnitten bekommen.

Die Schwäche des alternden Davids machen sich noch andere Israeliten zunutze. Das belegt, dass Davids Herrschaft nicht unbestritten und unangefochten von allen Stämmen Israels akzeptiert wurde. Er war ein Usurpator und seine Erwählung durch Gott wird deshalb von vielen Bibelwissenschaftlern als eine fromme und politisch höchst nützliche Erfindung angesehen. Sie hat mit dem historischen David und seinem Königtum nur insofern etwas zu tun, als sie als Rechtfertigung für seine Herrschaft, zu der ihn eigentlich nichts außer seinen militärischen Erfolgen und der damit verbundenen Macht legitimierte, gedient hat. Diese Macht konnte er zeit seines langen Lebens (er lebte zwischen 1030 und 960 vor Chr., wurde also siebzig Jahre alt) nur durch Rücksichtslosigkeit und die Bereitschaft zu brutaler Gewaltanwendung sichern. Dass David deshalb solch einen guten Ruf hat und so beliebt ist, ist erstaunlich. Mindestens so erstaunlich wie die Tatsache, dass er schließlich doch in seinem eigenen Bett starb.

– 6 –
Auch Jesus hatte schlechte Laune

Jesus, das ist doch der Dauerlächler, der wollte, dass wir sogar unsere Feinde lieb haben. Friede, Freude und sonst was, das ist doch das Motto. Ist es nicht. Und Jesus auch kein Peace-Hippie. Er war höchst anspruchsvoll und konnte sogar richtig sauer werden. Glauben Sie nicht? Dann lesen Sie mal im Markus-Evangelium, Sie werden verwundert sein.

Das Markus-Evangelium ist das älteste der kanonischen Evangelien. Dabei handelt es sich um jene Berichte über das Leben, Leiden und die Auferstehung Jesu, die in das

Neue Testament aufgenommen wurden und gewissermaßen den Stempel »Geprüft« tragen. Dieser wichtige Text, der wohl um das Jahr 50 n. Chr. geschrieben wurde, war für die nachfolgenden Verfasser des Matthäus- und des Lukas-Evangeliums eine wichtige Quelle, aus der sie durchaus reichlich für ihre eigenen Schriften schöpften. Im Markus-Evangelium also finden wir eine höchst interessante Stelle, die zwar schon bei den anderen Evangelisten gerne in einem übertragenen Sinn gedeutet wurde, die uns aber auch ohne eine tiefere theologische Exegese den Gottessohn Jesus Christus persönlich näherbringt und dabei Seiten von ihm offenbart, die zeigen, dass er wirklich ein Mensch war.

Im elften Kapitel dieses Evangeliums begegnet uns der Mann aus Nazareth nämlich als jemand, der durchaus emotional handelt und zu Gefühlsausbrüchen fähig ist. Damit belegt das Evangelium, dass Jesus nicht nur wahrer Gott, sondern auch ganz und gar »einer von uns« ist, wahrer Mensch, wenngleich ohne das, was theologisch »Sünde« genannt wird. Wenn wir sagen, Jesus sei uns in allem gleich, außer der Sünde, bedeutet das, dass er sich in seinem Reden, Denken und Handeln niemals vom Vater abgewandt und den Interessen dieser Welt angeglichen hat. Denn darin besteht das, was wir als Sünde bezeichnen: gottvergessen nur in der Welt zu leben. Das haben übrigens die mittelalterlichen Theologen in der lakonischen Definition ausgedrückt, Sünde sei eine »aversio a deo et conversio ad creaturam« (Abwendung von Gott und Hinwendung zur Kreatur). Der Sünder vergöttlicht die Schöpfung, also das, was von Gott geschaffen wurde, und betet diese geschaffene Wirklichkeit an, statt den, von dem diese Wirklichkeit ihren Ursprung hat und ihren Ausgang nimmt: Gott nämlich.

Aber weg von der Sünde, wieder zu Jesus: Der besucht mit seinen Jüngern den Tempel in Jerusalem. Neugierig schaut er sich alles an und wir können sicher sein, dass ihm nichts von dem entgeht, was mit dem Kult und der Verehrung Gottes zu tun hat.

Nach diesem ersten Orientierungsbesuch kehrt er mit seinen Freunden nach Betanien zurück. Wir wissen aus der Schrift, dass dort Lazarus mit seinen Schwestern Marta und Maria lebte. Diese werden ihn und seine Gruppe sicherlich freundlich aufgenommen haben. Offensichtlich war Marta aber nicht zu Hause, denn sonst hätte er am nächsten Morgen ein ordentliches Frühstück bekommen, bevor er sich wieder nach Jerusalem aufmachte. So gibt's nichts. Kein Wunder, dass die Schrift berichtet, Jesus habe auf dem kurzen Weg, der Betanien von Jerusalem und dem Tempelberg trennt, Hunger bekommen. Da kommt ihm ein Feigenbaum gerade recht. Er sieht den Baum mit seinen ausladenden Blättern schon von Weitem. Man kann sich vorstellen, wie ihm das Wasser im Munde zusammenläuft, als er an die süßen und sät-

tigenden Früchte denkt, die an einem solchen Baum wachsen. Geradezu paradiesisch,
schließlich ist der Feigenbaum die einzige
Pflanze, von der wir aus dem Garten Eden im
Buch Genesis wissen. Mit seinen Blättern be-
deckten Adam und Eva nach dem Sündenfall
ihre Blöße.

Als Jesus bei dem Feigenbaum ankommt,
hat das mit Paradies aber weniger zu tun. Im
Gegenteil: Der Baum trägt keine Früchte. Es
ist einfach gerade keine Tragezeit. Hung-
rig wie Jesus ist, verflucht er den Baum: »In
Ewigkeit soll niemand mehr eine Frucht von
dir essen.« Ein starkes Wort. Der Baum kann
doch nichts dafür. Es war einfach nicht die
Zeit der Feigenernte. Schon als Kind habe ich
mich über diese Ungerechtigkeit Jesu gewun-
dert. Aber: Wer Hunger hat, denkt eben nicht
immer rational.

Mit hungrigem Magen und entsprechend
düsterer Laune begibt sich Jesus nach dieser
Episode nach Jerusalem in den Tempel. Dort

haben sich wie jeden Tag die Händler und Geldwechsler in der großen Vorhalle beziehungsweise dem großen Vorhof des Tempels versammelt. Die Händler hielten für die Pilger, die in großen Massen jedes Jahr zu besonderen Festen zum Heiligtum anreisten, Opfergaben bereit. Tauben und andere Tiere auf der Reise mitzuführen, um sie dann in Jerusalem zu opfern, ist nämlich nicht wirklich bequem. Sie hätten die Reisenden auf ihrem Weg sicher unnötig belastet. Es war also eine Art Dienstleistung für die Pilger, wie wir sie auch aus anderen Heiligtümern bis in unsere Tage kennen.

Ähnlich war es mit den Geldwechslern. Auch sie sind Dienstleister. Und zwar nicht nur für die Pilger, sondern auch für den Tempel selbst. Denn jeder gläubige Jude, der etwas auf sich hielt, musste jährlich im Tempel eine Steuer zahlen. Diese wurde mit einer ganz eigenen Münze eingezogen. Das war deshalb notwendig, weil viele, um nicht zu sagen die allermeisten Münzen schon in der damaligen Zeit das Bild des Kaisers oder des jeweiligen Herrschers eines Landes zierte und auf der Rückseite häufig eine Gottheit abgebildet war.

Diese Münzen als Zahlungsmittel im Tempel Gottes zu benutzen, stellte aber einen eklatanten Verstoß gegen das biblische Verbot, keine anderen Götter anzubeten, dar. Deswegen hatten die Geldwechsler in ihrer Selbstwahrnehmung und auch im Verständnis der Tempelverwaltung eine wichtige Aufgabe bei der Reinerhaltung des Kultes zu erfüllen. Sie waren in gewisser Weise Garanten des biblischen Reinheitsgebotes »Du sollst keine anderen Götter neben mir haben!«

Beide Gruppen, Händler wie Geldwechsler, haben also ihre Aufgaben. Dem hungrigen Jesus ist das an diesem Tag egal, sie bekommen seine schlechte Laune zu spüren. Er treibt sie aus dem Tempel hinaus, wirft ihre Verkaufsstände und Wechseltische inklusive aller notwendigen Gerätschaften um und bedroht sie sogar mit körperlicher Gewalt. Darüber hinaus belehrt er sie, dass der Tempel vor jeder Opferstätte zunächst und vor allem ein Ort des Gebetes zu sein habe. »Ihr aber«, so sein Vorwurf, »habt daraus eine Räuberhöhle gemacht!« (Mk 11,17)

Seine Reinigungsaktion muss wohl den ganzen Tag gedauert haben. Jedenfalls heißt es bei Markus, dass Jesus erst abends wieder Jerusalem verlassen habe – ob er wohl zwischenzeitlich etwas zu essen gefunden hatte?

Kann man, nein besser: Darf man da eine Verbindung zwischen Hunger und schlechter Laune vermuten? Ist das im Blick auf die Person und Bedeutung Jesu nicht pietätlos?

Ganz unproblematisch ist das nicht. Woher weiß man genau, dass es nur der knurrende Magen war, der Jesus so auf die Palme gebracht hat? Und problematisch hat man das schon zu Zeiten der Entstehung der Evangelien gesehen. Eine solche Schilderung, wie wir sie bei Markus finden, erregte bereits bei den Autoren der anderen Evangelien Unwillen und sorgte für Irritationen. Sich Jesus als bauchgesteuerten Randalierer vorzustellen – das konnte man den Sadduzäern, dem jüdischen Establishment, zubilligen. Aber für gläubige Christen war und ist eine solche Sicht des Messias, des von den Toten auferstandenen Gottessohnes, völlig inakzeptabel.

Was kann man da also tun? Denn eines war klar: Markus überliefert beide Episoden und sein Evangelium war eine wichtige Quelle, die man nicht so einfach ignorieren durfte. Dass Jesus im Tempel von heiligem Zorn getrieben für »Ordnung« gesorgt hatte, war nach der Zerstörung des Tempels durch die Römer im Jahre 70 n. Chr. zudem für die Christen des 1. Jahrhunderts ein wichtiger Hinweis dafür, dass der bisherige Tempelkult deshalb untergegangen war, weil die Juden sich vom Herrn abgewendet hatten. Dementsprechend waren sie durch die Schleifung dieses Kultortes für ihre Sünden, zu denen man auch die Hinrichtung Jesu zählte, bestraft worden. Da hätte es nicht ins Bild gepasst, dass Jesus aus Hunger und mieser Laune laut geworden wäre.

Der Evangelist Matthäus, dessen Evangelium einige Jahre nach jenem des Markus entstand, kommt an diesem Problem jedenfalls nicht vorbei. Aber er findet eine geradezu geniale Lösung für die Herausforderung, Quellentreue und theologische Deutung miteinander zu versöhnen. Wie sieht diese Lösung aus? Nun, er dreht die Szenerie einfach um. Am Anfang steht bei ihm jetzt die Tempelreinigung. Der Zorn Jesu speist sich nicht aus dem irdischen Hunger, sondern aus dem Hunger nach der Gerechtigkeit. Es ist ganz und gar heiliger Zorn und fügt sich damit ein in die auch der jüdischen Tradition bekannte Tempelkritik der Propheten.

Erst nachdem Jesus im Tempel wieder für Ordnung gesorgt hat, berichtet Matthäus von der Verfluchung des Feigenbaumes. Damit wird es möglich, dieses Fluchwort als erneuten Hinweis darauf auszulegen, dass der jüdische Tempel und das Volk Israel keine Frucht mehr getragen haben und damit ihre besondere Funktion in der Heilsgeschichte verloren hatten. Dass der Feigenbaum daraufhin verdorrte, wurde zum Bild für die gerechtfertigte Zerstörung des Tempels und die Vertreibung des jüdischen Volkes aus dem verheißenen Land, die bereits seit der Eroberung Jerusalems durch die Römer begonnen hatte.

Wirklich clever: Mit einer einfachen Umstellung wird der Text neu interpretiert und führt zu einer ganz anderen Interpretation und Deutung. Zu einer, die nicht erst neu »erfunden« werden musste, sondern die bereits seit einem historischen Geschehen bei den frühen Christen weit verbreitet war. Heutige Ökonomen würden das als eine »strategische Neupositionierung« bezeichnen. Wir erinnern uns daran, dass Jesus auch Mensch ist. Und manchmal Hunger und auch schlechte Laune hat.

– 7 –
Mose: Aus der »Arche« zum stotternden Erfolg

Mose lag in der Arche. Moment, da stimmt doch etwas nicht. Das mit der Arche war doch viel früher und Mose hatte damit gar nichts zu tun, sondern Noach. Stimmt schon. Aber in gewisser Weise, so komisch das klingen mag, hat Mose doch etwas zu tun mit einer »Arche«.

Moses Geschichte gehört zu den wichtigsten Geschichten des Alten Testaments: dem Auszug aus Ägypten. Er ist der Anführer dieser wohl erfolgreichsten Migrationsbewegung aller Zeiten, bei ihm gibt es manches zu entdecken, was die Leser dieses Büchleins bislang vielleicht nicht wussten, zum Beispiel diesen Zusammenhang mit der Arche.

Schon im Umfeld seiner Geburt und der ersten Monate seines Lebens strotzt die Bibel von wundersamen Berichten. Mose, so lesen wir, stammte aus einer levitischen Familie. Das ist wichtig, weil der Stamm Levi im späteren Israel kein eigenes Stammesgebiet hatte, sondern überall und nirgends zuhause war. Seine Stammesidentität schöpfte er nicht aus einem eigenen Siedlungsgebiet, sondern aus seinen Aufgaben innerhalb des auserwählten Volkes. Die Leviten waren in biblischer Zeit ganz und gar auf den Gotteskult, also auf die Verehrung Jahwes bezogen. Deshalb konnten sie in Israel eine überparteiliche Position einnehmen. Sie hatten nichts zu gewinnen, besonders kein Land, aber viel zu verlieren: vor allem ihre Glaubwürdigkeit und die damit verbundene Achtung des Volkes.

Aus diesem Stamm kommt also Mose. Kurz vor seiner Geburt ergeht ein Edikt des Pharao, wonach alle männlichen Neugeborenen der Hebräer im Nil ausgesetzt und damit dem sicheren Tod ausgeliefert werden sollten. Die Mutter des Mose kommt diesem Befehl jedoch nicht nach, sondern versteckt das Kind für drei Monate. Über den Kleinen heißt es damals in der Bibel: Er war ein schönes Kind. Erst nach dieser Zeit entschließt sie sich, den hübschen Racker in einem Binsenkästchen am Nilufer auszusetzen. Es ist interessant, dass die Heilige Schrift für dieses Binsenkästchen denselben Begriff verwendet wie bei der Geschichte der Sintflut für die Arche, wörtlich übersetzt bedeutet er so viel wie »Kasten« oder »Kästchen«. Mit der Arche gelingt es Noach, das Überleben aller Lebewesen der Erde zu gewährleisten. Das Binsenkörbchen scheint also theologisch dabei wichtiger zu sein als das Kleinkind, das darin ausgesetzt wird. Denn mit diesem Begriff wird angedeutet, dass mit diesem schwimmenden Gerät und seiner »Besatzung« Heil und Rettung aus existenzieller

Not verbunden sein wird. Zugleich wird aber auch suggeriert, dass mit diesem Kind etwas Neues beginnt. So wie nämlich die überlebenden Menschen nach der Sintflut die Welt neu bevölkerten und Gott mit ihnen einen neuen Bund einging, als dessen Zeichen der Regenbogen galt, so werden Mose und das von ihm befreite Volk einen neuen Bund mit Gott eingehen. Gottes Bundeszeichen war nun nicht mehr der Regenbogen, sondern die Gesetzestafeln, die in der Bundeslade mit dem Volk durch die Wüste zogen und Gottes Gegenwart und rettende Kraft vor den Menschen bezeugten.

Diese Mini-Arche, so berichtet die Heilige Schrift weiter, wird von der Tochter des Pharao am Nilufer gefunden. Als sie das schreiende Kleinkind erblickt, hat sie Mitleid mit ihm und rettet es.

Bei dieser Tochter des Pharao handelt es sich, da sind sich die Bibelwissenschaftler heute ziemlich einig, nicht um eine echte »Royal«

in unserem heutigen Verständnis, sondern um ein Kind einer der königlichen Konkubinen. Von diesen gab es eine ganze Reihe. So wissen wir beispielsweise von Ramses II., dass er mehr als sechzig Töchter aus Beziehungen mit seinen Haremsdamen hatte.

Diese pharaonische Seitentochter übergibt nun, welch Ironie, den kleinen Mose der Obhut seiner Mutter, die ihn nun als Amme großziehen soll, bis er im Alter von drei oder vier Jahren in den königlichen Harem übersiedelt und dort einer gründlichen Ausbildung unterzogen wird. So kommt es, dass Mose seine hebräische Herkunft nicht vergessen und seine Volkszugehörigkeit – und wohl auch Kenntnisse der Traditionen und die Sprache seines Volkes – mit der Muttermilch eingesogen hat.

Für ganz große Aufgaben in der Verwaltung oder im Heer des Pharao dürfte es bei Mose allerdings nicht gereicht haben, denn er war – wie wir an anderer Stelle von ihm selbst erfahren werden – nicht nur ein Stotterer, sondern als Angehöriger einer nichtägyptischen Volksgruppe nur für das mittlere Management des Pharaonenreiches bestimmt. Dementsprechend können wir davon ausgehen, dass Mose zwar am Hofe, aber sicherlich nicht als königlicher Prinz aufgezogen wurde.

Übrigens waren diese »Doppelstaatler« des Pharaonenreiches weder bei den Ägyptern noch bei ihren eigenen Leuten so wirklich beliebt. Aufmerksam wurden sie von ägyptischen Aufsehern, Priestern und Lehrern kontrolliert, damit ihre Loyalität gegenüber dem Pharao und seiner Administration unbezweifelbar gewahrt blieb. Dazu diente auch die Tatsache, dass man ihnen ägyptische Namen gab, die ihnen tagtäglich veranschaulichen sollten, wem sie unterstanden. Bei den Angehörigen des eigenen Volkes wiederum galten sie häufig als Verräter oder zumindest Kollaborateure, die ein recht privilegiertes Leben auf Kosten ihrer Landsleute führten.

Mose scheint sich dieses Zwiespaltes durchaus bewusst zu sein, trotzdem will er die Beziehung zu seinem eigenen Volk und wohl auch zu seiner Familie nicht kappen – trotz allen Misstrauens, das ihm entgegengebracht wurde.

So nimmt das Drama seinen Lauf. Bei einem seiner Besuche daheim wird er Zeuge der Ungerechtigkeit und Gewalt, denen die Hebräer seitens der ägyptischen Sklavenaufseher ausgeliefert sind. Hin- und hergerissen zwischen den Vorteilen seiner privilegierten Position am ägyptischen Hof und der Solidarität mit seinen Volksangehörigen begeht er einen eiskalten Mord. Nicht im Affekt, sondern erst, nachdem er sich versichert hatte, keine Zeugen für seine Tat zu haben, erschlägt er einen der Aufseher und verscharrt ihn im Wüstensand.

Das belegt übrigens wiederum die Vermutung, dass Mose nicht als Prinz aufgezogen wurde. Für ein Mitglied der königlichen Familie wäre es nämlich eine Lappalie gewesen, einen von seinem gesellschaftlichen Status her weit unter ihm stehenden Aufseher zu töten.

Für einen Auszubildenden am Hof des Pharao sah die Sache jedoch ganz anders aus. Insgeheim wird Mose wohl noch gehofft haben, mit dieser Tat durchzukommen. Als er aber einige Tage später einen Streit zwischen zwei Angehörigen seines Volkes schlichten möchte, wird er mit seiner Tat konfrontiert. Es bleibt ihm nun kein anderer Ausweg als die Flucht.

Mose hat nichts mehr zu verlieren, deswegen macht er sich auf und zieht dorthin, wo er vermuten kann, in Sicherheit leben und sich eine neue Existenz aufbauen zu können. Das war in Ägypten und seiner Einflusssphäre sicherlich nicht möglich. So zieht er in das Gebiet der Midianiter.

Die Midianiter waren ein Stamm kriegerischer Wüstennomaden. Ihr Stammesgebiet wird bei den meisten Bibelwissenschaftlern südöstlich Palästinas im nordwestlichen Teil des heutigen Saudi-Arabiens verortet. Es ist eine unwegsame Gegend, an der die Großmächte der damaligen Zeit kein Interesse hatten, weil sie weder fruchtbares Land noch leicht abbaubare Bodenschätze vorzuweisen hatte.

Dort also will sich Mose nach seiner Flucht niederlassen. Eine Gegend, in der niemand nach der Herkunft oder dem gesellschaftlichen Status fragt, scheint goldrichtig für seine Pläne zu sein. Hier, bei den Midianitern, zählt nur, welche Fähigkeiten ein Mann hat und ob er in der Lage ist, seine Familie zu ernähren und zu beschützen. Und das kann Mose. Das zeigt sich, als er die Töchter eines midianitischen Priesters, der in der Bibel abwechselnd Jitro oder Reguël genannt wird, an einem Brunnen beschützt und ihnen hilft, ihre Tiere zu tränken. Er nimmt in der Folge dessen Tochter Zippora zur Frau, gründet eine Familie und bekommt einen Sohn, den er Gerschom (Ödgast) nennt. Damit deutet er an, dass er kein Stammesgenosse der Midianiter ist, aber dennoch einen besonderen Status, den eines Gastes mit allen noch heute im Vorderen Orient verbundenen Schutzrechten, genießt.

Ist die Geschichte des Stotterers damit um? Nein, ganz und gar nicht. Denn dort, in der Fremde, erreicht ihn in einem brennenden Dornbusch der Ruf Gottes, der ihn wieder zu seinem Volk zurückführen und aus dem geflohenen Mörder den Befreier Israels machen wird. Aber Mose macht es dem Herrn nicht gerade einfach. In seinem Bewerbungsgespräch mit Gott erhebt er einen Einwand nach dem anderen. Und er ist erst von dieser »Mission possible« überzeugt, nachdem Gott jede einzelne seiner skeptischen Fragen entkräftet hat. Die kritischen Einwände des Mose lassen sich dabei wie folgt zusammenfassen: Wer bin ich überhaupt? Wer bist Du überhaupt? Werden die Israeliten mir überhaupt glauben?

Ich kann doch überhaupt nicht reden! Und schließlich, und das macht Gott dann doch zornig: Ach, überhaupt, schick doch einen anderen! Nein. Geht nicht, gibt's nicht! Der Herr hat sich entschieden. Es soll und es wird Mose sein, der zum Pharao gehen und Israel aus der Sklaverei herausführen wird. Aber er stellt ihm zumindest seinen älteren Bruder Aaron an die Seite. Und so wird von Gott selbst die Befreiung des Volkes zu einem Familienunternehmen gemacht. Wo immer in Zukunft Mose öffentlich auftreten wird, immer ist Aaron dabei. Der Auszug aus Ägypten und die sich anschließende Wanderung des Volkes Israel durch die Wüste sind für alle Zeiten die Geschichte einer gut funktionierenden Teamarbeit. Da Mose stottert, wird Aaron für ihn sprechen. Und zwar sowohl vor dem Pharao als auch vor dem Volk.

Obwohl Mose und Aaron eng zusammenarbeiten, tun sie nicht dasselbe. Vielmehr herrscht zwischen beiden eine strikte Arbeitsteilung. Während Mose den unmittelbaren Kontakt zu Jahwe hält und sozusagen für die göttlichen Eingebungen verantwortlich ist, arbeitet Aaron als sein offizielles Sprachrohr. Es ist wie im Fernsehen: Mose ist in gewisser Weise der Nachrichtenredakteur und Aaron der Nachrichtensprecher. Mose ist der Mittler zwischen Jahwe und den Menschen und Aaron der Vermittler, der die Informationen, die ihm Mose gibt, in Botschaften umwandelt. Mose erhält Gottes Worte, Aaron hält die Reden.

Anders als in den heutigen Medien bleibt aber Mose der Star und Aaron akzeptiert die nachgeordnete Position. Er weiß im Gegensatz zu heute, dass die Information das Wesentliche ist und nicht derjenige, der sie weitergibt. Solange die beiden Brüder diese Arbeitsteilung beibehalten, haben sie Erfolg. Es gelingt ihnen, das Volk aus Ägypten herauszuführen. Als dann aber auf der Wüstenwanderung die Arbeitsteilung von Seiten Aarons aufgekündigt wird, indem er im Auftrag des Volkes das Goldene Kalb herstellen lässt und seine Verehrung organisiert, zerbricht das Dreamteam. Und die Folgen sind dramatisch: Statt auf schnellstem Weg ins Gelobte Land zu kommen, wird Israel zu einer vierzigjährigen Wüstenwanderung verurteilt. Von allen Israeliten, die Ägypten verlassen haben, wird nur ein Einziger, nämlich Josua, der Nachfolger Mose, schließlich dieses Land, in dem Milch und Honig fließen, erreichen. Mose und Aaron – und mit ihnen alle anderen Israeliten – müssen sich damit zufriedengeben, dass an sie zwar die Verheißung ergangen ist, das Erbe aber erst die kommenden Generationen antreten werden. Der Auszug aus Ägypten war deshalb zwar ein Erfolg. Aber doch ein überraschender und recht stotternder.

– 8 –
Die alten Richter: Gottes Auftragskiller?

Richter sind für gewöhnlich Menschen, die auf der Basis von Gesetzen Urteile sprechen. In der Bibel ist das auch so – aber auch wieder nicht, jedenfalls nicht ganz. Die Richter und Richterinnen, von denen das Alte Testament im gleichnamigen Buch berichtet, unterscheiden sich von den heutigen Amtsträgern mit ihren Roben doch schon ziemlich.

Über sie kann man vieles berichten und behaupten, aber nicht, dass sie friedfertige Persönlichkeiten gewesen wären. Da begegnen uns langhaarige Kraftpakete wie Simson, kriegslüsterne Damen wie Debora, skrupellose Mörder wie Ehud und noch eine ganze Menge anderer höchst interessanter Gestalten. Alles in allem erscheinen uns die Berichte über die Richter eher wie eine Sammlung antiker oder mittelalterlicher Heldensagen als eine Schrift mit theologischer Bedeutung. Aber dieser Eindruck täuscht. Denn bei den Sagen und Heldenepen der abendländischen Tradition geht es in der Regel um die Darstellung des Schicksals eines ganz bestimmten Menschen. Beim Buch der Richter ist das anders.

So unterschiedlich nämlich die zahlreichen Geschichten sind, die uns in diesem Buch begegnen, so durchzieht sie alle dennoch ein roter Faden: das Bemühen um die Einheit der verschiedenen Stämme Israels. Diese Einheit ist nach Überzeugung seiner Verfasser nur im gemeinsamen Glauben an Jahwe möglich. Es geht also bei den Richtern nicht um Integration in eine bestehende »Leitkultur«, wie das in unseren Tagen bei Neueinwanderern gefordert wird. Diese Leitkultur akzeptierte man dadurch, dass man sich den lokalen Gottheiten Kanaans anschloss. Wie nicht anders zu erwarten ist Gott über solcherart Integrationsbemühungen wenig erfreut. Die Autoren des Buches der Richter wollen ihren Lesern deutlich machen: Wer sich in die vorherrschende Leitkultur Kanaans integrieren will, produziert nicht Frieden und Eintracht, sondern Leid und Unterdrückung für das Volk. Und davon hatte man ja schon in Ägypten mehr als genug gehabt!

Die Richter fordern deshalb von den Stämmen Israels Umkehr zu ihren eigentlichen Quellen. Ihr Anliegen ist nicht gelingende Integration, sondern Bewahrung der Identität. Diese Identität Israels kann nur der Glaube an den Gott Abrahams, Isaaks, Jakobs, an den Gott des Mose und Aarons sein. Nur dieser Glaube rettet Israel! Und genau dabei sollen die Richter helfen. Diese »Geheimwaffen« Gottes schaffen es immer wieder, das Volk zusammenzuführen – leider nicht, es zusammenzuhalten. Man könnte deshalb die Richter mit Fug und Recht als »Desintegrationshelfer« bezeichnen. Aber das Volk ist eisern in seiner Treulosigkeit gegenüber Gott. Es will einfach in friedlicher Koexistenz mit den umliegenden Völkern leben. Und dazu gehört es auch, deren Göttern zu opfern. Das Erstaunliche besteht deshalb nicht darin, dass Gott dem Volk Richter sendet, die es zu Gott zurückführen sollen. Das eigentliche Wunder auf diesem mit Enttäuschungen gepflasterten Weg der Desintegration ist vielmehr, dass Jahwe nicht die Lust an seinem Volk verliert: Immer wieder, über Jahrhunderte, schickt er diese Richter. Allerdings scheint er keine besondere Sorgfalt bei der Auswahl seines Bodenpersonals an den Tag zu legen.

So erwählt er beispielsweise eine gewisse Dame namens Jaël in den Richterkreis. Sie ist nicht dafür bekannt, große Skrupel zu haben. Vielmehr bricht sie alle Gesetze der

Gastfreundschaft, solange es ihr nur gelingt, einen der bedeutenden Gegner des Volkes Israel aus dem Weg zu räumen. Das ist schon deshalb ein Skandal, weil überall im Nahen Osten das Gastrecht als heilig galt. Aber die Einheit des Volkes ist eben noch heiliger. Fast mit einer gewissen Schadenfreude wird geschildert, wie sie ihm in ihrem eigenen Zelt mit einem Zeltpflock und einem Hammer den Garaus macht. Der Begriff der »Hammer-Frau« bekommt hier eine ganz neue Bedeutung …

Auch sonst handelt das Buch der Richter ständig von Mord und Totschlag, Verrat und Gewalt. Das ist überraschend und lässt den Leser schon hin und wieder ratlos werden. Was soll man etwa mit der Geschichte von einer Frau anfangen, die zunächst von einer ganzen Bande vergewaltigt und dann in Stücke gehackt wird? Die Bibel als Vorwegnahme von Stephen King? Eine Sammlung von Horrorstories? Was sollen wir davon halten, dass eine ganze Gruppe von Männern in einem Turm eingeschlossen und dort verbrannt wird?

Noch weniger können wir mit der Rolle Gottes bei diesen Metzeleien anfangen. Er verurteilt sie nicht. Man hat mitunter sogar den Eindruck, dass hier pflichtschuldigst gemordet und gebrandschatzt wird: die Richter als »Auftragskiller« Gottes?

Nehmen wir nur die Geschichten um Simson, der auch als Samson bekannt ist. Wie später bei Johannes dem Täufer galt seine Mutter als unfruchtbar (warum eigentlich immer die Mütter?). Wie bei Maria wird ein Engel des Herrn zu ihr gesandt, um ihr die Geburt eines Kindes zu verheißen. Ganz zur Freude heutiger Gynäkologen rät der Engel ihr während der Schwangerschaft dringend vom Genuss alkoholischer Getränke ab und empfiehlt ihr auch eine spezielle Diät.

Und wie üblich hält ihr Ehemann – er heißt übrigens Manoach, den Namen seiner Frau erfahren wir an keiner Stelle – die ganze Engelsbotschaft für den Ausbund einer überspannten Phantasie und bittet den Herrn, doch besser ihm selbst diese frohe Botschaft zu verkünden. Vertrauen ist gut, Kontrolle ist besser. Erstaunlicherweise akzeptiert Gott diese Bitte und der Engel wiederholt geduldig dem zukünftigen Vater noch einmal genau das, was er schon seiner Frau mitgeteilt hatte.

Der Knabe, der den beiden nun geboren wird, wird ein Nasiräer, also ein Mann, der sich erstens des Weins enthalten soll, zweitens seine Haare nicht schneiden lassen darf und der drittens den Kontakt mit Leichen und Kadavern vermeiden sollte. Keine dieser Verpflichtungen nimmt Simson in seinem Leben besonders ernst: Er säuft und kommt pausenlos mit Leichen und Kadavern in Berührung. Nur seine Haare, die sind ihm wichtig. Simson ist stark wie ein Ochse – und so benimmt er sich auch immer dann, wenn es um die Frauen in seinem Leben geht.

Zum Beispiel heiratet er eine Philisterin. Bei einem Trinkgelage (von wegen kein Wein!) mit ihren Verwandten stellt er ihnen ein Rätsel. Lösen sie es, muss er sie mit dreißig Gewändern ausstatten. Gelingt ihnen das nicht, erhält er den Wettbetrag. Das war für die damalige Zeit, wo der »normale« Mensch ein, höchstens zwei Kleidungsstücke sein eigen nannte, ein ungeheuerlicher Betrag! Der starke, aber tumbe Simson offenbart seiner Frau das Geheimnis, das sie flugs ihren Verwandten weitergibt, die damit das Rätsel lösen und die Wette gewinnen können. Das macht Simson so wütend, dass er voller Zorn dreißig Feinde tötet (von wegen kein Kontakt mit Leichen!), um mit dem erbeuteten Besitz seine Wettschulden zu begleichen.

Als Konsequenz trennt er sich dann wieder von seiner Frau und heiratet nicht mehr. Dann kommt es nach einigen Kämpfen, aus denen der bärenstarke Simson stets als überragender Sieger hervorgeht, zu der berühmten Liaison mit Delila, wieder einer Philisterin. Ihr verfällt er mit Haut – und Haaren. Sie entlockt ihm nach einer Liebesnacht das Geheimnis seiner Stärke. Es liegt in seinen Haaren. Und die schneidet sie ihm dann auch ab. Er wird von seinen Feinden, den Philister-Königen, gefangen genommen und geblendet. In seiner sprichwörtlich düsteren Gefangenschaft wachsen ihm die Haare nach. Und als er irgendwann vor den König von Gaza gezerrt wird, der ihn vor allen seinen Gästen demütigen und verhöhnen will, gelingt es dem wieder langhaarigen Simson mit einer Art Selbstmordattentat, den Palast einstürzen zu lassen, indem er dessen tragende Säulen umstößt. Begeistert berichtet der Chronist, Simson habe mit dieser letzten gottgefälligen Tat mehr Feinde getötet als in seinem ganzen bisherigen Leben.

Das Buch der Richter bietet aber nicht nur Geschichten über Selbstmordattentäter, sondern auch über »Powerfrauen« wie zum Beispiel Debora. Sie lebt im Zentrum des Gelobten Landes, nahe Bet-El, etwas nordwestlich des Toten Meeres, und arbeitet dort als Richterin. Wie schon gesagt, umfasst diese Berufsbezeichnung weit mehr als Recht zu sprechen und Streit zu schlichten. Sie verkündet vielmehr in allen Lebenslagen des Einzelnen aber auch des Volkes den Willen Gottes. Und der kann durchaus auch einmal zum Krieg aufrufen. Das tut auch Debora. Sie fordert zwei Stämme Israels, Naftali und Sebulon, zum Kampf gegen die Kanaaniter auf. Der Heerführer dieser beiden Stämme mit Namen Barak hat dazu aber keine richtige Lust. Gleichzeitig will er sich aber auch nicht dem Vorwurf aussetzen, Gottes Willen abzulehnen. Deswegen fordert er die Dame auf, doch bitte selbst mit dem Heer zu reisen. Das ist raffiniert. Denn gewinnt er die Schlacht gegen die Kanaanäer, dann hat er Gottes Befehl befolgt; verliert er, war es nicht seine Schuld, sondern Debora hat da was falsch gemacht.

Debora meint es allerdings ernst. Sie sagt ihre Teilnahme am Kriegszug zu. Straflos soll der gute Barak sie – und damit Gott selbst – allerdings auch nicht herausgefordert haben. Deswegen lässt sie ihm mitteilen, dass der Ruhm des geglückten Unternehmens dann aber auch eine Frau ernten werde. Welche das sein wird, lässt sie offen. Wir haben sie jedoch bereits kennengelernt: Jaël, die Zeltpflockmörderin. Und auch das Lied, das den Sieg über die Kanaanäer verherrlicht, wird bis in unsere Tage nicht nach Barak, sondern nach Debora benannt.

Eine dritte und letzte »Kostprobe« für die Gewalttätigkeit, mit denen uns das Buch der Richter permanent konfrontiert, begegnet uns in den Erzählungen über einen weiteren Richter namens Ehud. Er stammte aus dem Stamm Benjamin und war ein Linkshänder. Dieser Umstand wird von den Autoren des Buches besonders betont. Denn die Linkshänder, und davon gab es im Stamm Benjamin offensichtlich viele, waren gefürchtete Kämpfer, weil sie ihre Waffen beidhändig benutzen konnten. Das hatte in der Schlacht – oder auch beim Meucheln – große Vorteile. Die Feinde, denen sich das Volk zu Zeiten Ehuds gegenübersieht, sind die Moabiter und ihre Verbündeten. Sie hatten die israelitischen Stammesgebiete östlich des Jordans überrannt und planten, von einem Brückenkopf bei Jericho aus, auch das Kerngebiet der Israeliten am westlichen Jordanufer zu erobern. In jedem Fall hatten sie die Israeliten bereits tributpflichtig gemacht.

Ehud verschafft sich nun unter dem Vorwand, neben dem jährlich fälligen Tribut auch eine wichtige Information zu überbringen, Zugang zum Palast des Moabiterkönigs Eglon. Die Moabiter scheinen es mit dem Personenschutz ihres Herrschers damals nicht zu streng genommen zu haben. Denn sie bemerken den langen Dolch, den Ehud an seiner rechten Seite befestigt hatte, nicht. Sie waren wohl eher Rechtshänder und kontrollierten deshalb nur linksseitig nach Waffen. Egal. Der König, ein Fettwanst von unglaublichen Ausmaßen, empfängt den Gast in seiner Privattoilette. Dort stößt Ehud dem König seine Waffe in den dicken Leib. Übrigens mit solcher Gewalt, dass das Fett die Klinge samt dem Heft umschloss und Ehud auf diese Weise ohne Waffe und wohl auch ohne Blut an den Händen entkommen kann. Der Mord wird nicht bemerkt, da alle davon ausgehen, der König verrichte weiterhin wichtige »Geschäfte«. Das allgemeine Chaos nach dem Mord nutzt Ehud dann aus, um mit einer schlagkräftigen Truppe von Kriegern das gesamte Heer der Moabiter zu erschlagen. Die Niederlage muss für die Moabiter so verheerend gewesen sein, dass, wie es heißt, Israel für achtzig Jahre Ruhe vor ihnen hatte.

Jetzt aber soll es erst einmal gut sein, mit den Schauergeschichten. Wie gesagt: Befremdlich lesen sie sich schon. Deshalb stellt das Buch der Richter seine Leser in ethischer wie auch theologischer Hinsicht vor vielerlei Probleme. Da hilft es auch nicht wirklich, dass all dies zu einer Zeit geschah, in der sich die Israeliten in einer politischen, gesellschaftlichen und religiösen Krise befanden. Natürlich hatten sie gerade erst im Gelobten Land Fuß gefasst und versuchten jetzt, das Land unter ihre Kontrolle zu bringen, die Stämme zu vereinigen und die Reinheit ihres Glaubens zu bewahren. Aber mit solch einer Argumentation kann man jedes Regime und jedes Massaker nachträglich rechtfertigen. Und das Buch wurde ja auch geraume Zeit nach den beschriebenen Begebenheiten verfasst und richtete sich deshalb an eine ganz andere Leserschaft als die Stämme unmittelbar nach der Landnahme.

Wenn das Buch also so bluttriefend und problematisch ist, warum wurde es in den Kanon der Heiligen Schriften überhaupt aufgenommen? Heutige Bibelwissenschaftler geben darauf eine ganze Reihe verschiedener

Antworten. Erstens: Der Text offenbart ein deutliches Interesse an Führerschaft. Aber wer als Anführer Erfolg haben wollte, musste sich auf die Initiative Gottes verlassen. Dementsprechend wird gefolgert, das Buch wolle die Herrschaft Davids und seiner Dynastie unterstützen. Dieser Herrscherfamilie wurde ja, so glaubte man, dauerhaft der Thron Israels verheißen.

Zudem warnen die Geschichten vor Anpassung. Denn das Buch schildert eine Zeit, in der Israel inmitten von Fremden wohnt. Durch eine friedliche Koexistenz mit ihnen steht das Volk in der Gefahr, seiner Identität beraubt zu werden. Das Buch dient also als Geschichtsstunde für spätere Leser. Sie sollen sich vor jeder Form der Integration schützen.

Drittens schildert das Buch den allmählichen Zerfall der Gemeinschaft der zwölf Stämme Israels. Erst mit dem Königtum Davids wird diese Epoche beendet. Die Botschaft lautet also: Nur zusammen sind wir stark!

Und das war auch in den Jahrhunderten, in denen sich das Nordreich Israel von dem Königreich Juda im Süden getrennt hatte, von großer Bedeutung.

Und schließlich betont das Buch der Richter die Freiheit und Souveränität Gottes. Das sieht man besonders daran, dass Gott auch und gerade durch schwache und manchmal gar unwürdige Richter wirkt. Auch das kann in letzter Analyse als Unterstützung der davidischen Herrscherfamilie verstanden werden. Denn auch in dieser Dynastie steht wenigen bedeutenden und »gottgefälligen« Herrschern eine deutliche Mehrheit von unfähigen Königen gegenüber.

Wie man es auch betrachtet: Am Buch der Richter wird man sich stören können und manchmal sogar müssen. Umso überraschender, dass seine Zugehörigkeit zum Kanon der biblischen Schriften nie in Zweifel gezogen wurde. Es war immer drin.

– 9 –
Bileam: So ein Esel!

Bileam war ein Mietprophet. Er weissagte nach dem Motto: »Wes Brot ich ess, des Lied ich sing.« Das war nichts Ungewöhnliches. So arbeiteten viele seiner Kollegen. Und anders als heute, wo man mit einem solch übersteigerten Opportunismus durchaus seine Schwierigkeiten hätte, war diese Haltung zu seiner Zeit allgemein akzeptiert. Prophet galt damals nämlich nicht als Berufung, sondern als Beruf. Und wer arbeitet, hat schließlich ein Recht auf seinen Lohn. Deshalb ließ man sich seine Prophezeiungen ordentlich bezahlen. Und weil auch schon damals galt: »Wer zahlt, schafft an!«, bediente man sich dieser Propheten zu den unterschiedlichsten Anlässen und Gelegenheiten. In dieser Berufsgruppe gab es verschiedene Spezialisierungen, auch zu biblischen Zeiten blühte das Expertenwesen. Da gab es Leute, die sich durch Einnahme berauschender Substanzen in einen tranceähnlichen Zustand hineinbegeben konnten und auf diese Weise Kontakt zu göttlichen Mächten aufnahmen. Sie erinnern noch sehr stark an die Schamanen der Naturvölker. Dann gab es Prophetentruppen, die ihre Standorte an bestimmten Tempeln und Heiligtümern hatten. Dort orakelten sie herum, gaben sich Visionen hin und formulierten Segens- und Fluchsprüche im Namen ihrer jeweiligen Götter. Sie machten halt all das, mit dem man die Bedürfnisse der Menschen nach einer Beziehung zum Überirdischen befriedigen und damit seinen Lebensunterhalt sichern konnte.

Neben diesen verbeamteten Wahrsagern gab es aber auch noch eine Reihe »freischaffender Orakelkünstler«. Ihre Tätigkeit war nicht auf ein bestimmtes Heiligtum begrenzt und so vertraten sie auch nicht die Interessen einer bestimmten Gottheit. Vielmehr waren sie offen für die Worte eines jeden Gottes oder die Botschaften aller Götter, die von den Menschen verehrt wurden. Davon konnten sie hervorragend leben und waren landauf landab bekannte Persönlichkeiten, also in gewisser Weise »Superstars der Prophetie«.

Bileam war so ein Superstar. Er ist übrigens der einzige Prophet oder Seher (in der Bibel wird er an keiner Stelle als Prophet bezeichnet), der über das Alte Testament hinaus urkundlich erwähnt wird. Es gibt eine Reihe nichtjüdischer Zeugnisse, die darauf hinweisen, dass es Bileam tatsächlich gegeben haben muss. Dieser weissagende Freiberufler wird also vom König von Moab (einer Region östlich des Jordan) aus Angst vor den Israeliten beauftragt, gegen die Neueinwanderer unter Führung des Mose einen Fluchzauber zu sprechen. Mit anderen Worten: Bileam soll

Israel den Untergang prophezeien. Wie üblich macht sich Bileam an die Arbeit und bespricht die Angelegenheit mit Gott. Dieser verbietet ihm jedoch, das Volk zu verfluchen. Und Bileam gibt die göttliche Eingebung an die Gesandten des Königs weiter. Dieser versteht die Weigerung Bileams als Hinweis, ein noch höheres Honorar zu bezahlen, und macht dem Seher ein Angebot, das er wohl nicht mehr ausschlagen konnte. Auch Gott scheint ein Einsehen zu haben. Er erlaubt ihm also doch, zum König von Moab zu reisen, gebietet ihm aber, nur das zu tun und zu prophezeien, was er ihm aufträgt. Gesagt, getan. Bileam sattelt also am folgenden Morgen seinen Esel und macht sich auf den Weg. Er scheint davon auszugehen, dass er nun doch Israel verfluchen darf. Ein fataler Irrtum. Wie anders ist es zu verstehen, dass, wie es heißt, Gott zornig auf Bileam wird und seinen Engel aussendet, um ihm »in feindlicher Absicht« mit gezücktem Schwert in den Weg zu treten.

Bileam kann es auf dieser Reise nicht schnell genug gehen. Nur sein Esel macht nicht mit. Ganz gegen seine Gewohnheit bleibt er immer wieder stehen. Er sieht den Engel Gottes, der Bileam den Weg verwehrt. Der Seher sieht nichts. Mit viel Ironie und zugleich viel Sympathie – für den Esel! – wird nun geschildert, wie das treue und kluge Tier seinem Reiter dreimal das Leben rettet. Erst weicht der Esel vom Weg ab und damit dem Engel aus. Dann drückt er sich in einem Hohlweg an dem Engel vorbei, wobei er Bileam zugegebenermaßen den Fuß quetscht. Schließlich – ausweichen ist keine Option mehr – geht das Tier vor dem Engel in die Knie und einfach keinen Schritt mehr weiter. Als Dank für seine Rettungstat erntet der Esel kein Lob, sondern Prügel. Über soviel Dummheit des Mietpropheten könnte es einem schon die Sprache verschlagen. In unserem Fall geschieht aber das Gegenteil. Der Esel beginnt zu reden. Warum sein Herr denn so gemein zu ihm sei, fragt er ihn. »Weil du mich zum Narren hältst«, ist die Antwort. Erstaunlicherweise ist Bileam über dieses Sprachwunder weniger irritiert als darüber, dass ein Esel manchmal bockig ist. Erst nach diesem Gespräch gehen dem Seher die Augen auf und er erkennt nicht nur den Engel, sondern auch seinen Fehler. Der Rest der Geschichte ist schnell erzählt: Statt das Volk Israel zu verfluchen, segnet er es. Und zwar nicht ein Mal, sondern gleich drei Mal. Als der König von Moab, der ja schließlich sein Auftraggeber gewesen ist, ihn daraufhin ohne Bezahlung wieder nach Hause schickt, kommt es doch noch zu einem Fluchzauber. Der trifft aber sein eigenes Volk und die mit ihm verbündeten Stämme. Und die Moral von der Geschichte: Wenn Gott im Spiel ist, sind manchmal die Esel die besten Ratgeber. Sie können hellsichtiger sein als die bedeutendsten Visionäre. Achtet man nicht auf sie, steht man plötzlich selbst wie ein Esel da.

– 10 –
Jesus machte gerne Party

»Essen und Trinken hält Leib und Seele zusammen« – sagt man. Und im Reich Gottes ist es nicht anders. Denn dass der Mensch im Himmelreich nicht nur mit seiner Seele zu Hause sein wird, sondern er auch über einen Leib verfügt, ist für die katholische Theologie ausgemacht. Dieser Glaube gehört zum Grundbestand der katholischen Dogmatik. Demzufolge verwundert es nicht, dass im Neuen Testament immer wieder von Gast- und Festmählern die Rede ist, von Essen und Trinken. Jesus mochte anscheinend Partys.

Bei den Zeitgenossen Jesu war das ganz anders. Für sie war es schon ziemlich ungewöhnlich, dass er das Reich Gottes (oder besser: die Königsherrschaft Gottes) immer wieder mit einem Fest verglichen hat. Zwar kannte man den Gedanken der »Königsherrschaft Gottes« aus den Psalmen, doch war man der Meinung, dass Gott nicht mehr direkt in die Geschichte der Menschen eingreifen würde. Gott hatte in der Vergangenheit die Welt erschaffen, das Volk Israel aus der Sklaverei geführt, Mose die Gesetze gegeben und zu den Propheten gesprochen. Aber seit dieser Zeit verhielt er sich eher abwartend. Gottes Handeln in der Gegenwart beschränkte sich darauf, »nur« dafür zu sorgen, dass die Welt nicht untergeht. Aber ganz im Ruhestand war Gott nicht. Man traute ihm schon zu, dass er in der Zukunft wieder aktiv werden würde. Propheten wie Johannes der Täufer und andere verkündigten ja beispielsweise das nahende Gericht. Wenn Gott wieder selbst in die Geschichte eingreife, dann würde er die Menschen richten – für die Unterdrückten ein Grund zur

Hoffnung auf Befreiung, für Gewalttäter ein Grund zum Zittern. Gerade im Blick auf das erwartete Gericht war nun der Gedanke, dass Gottes Reich mit einem ordentlichen Fest verglichen werden könnte, doch mehr als gewöhnungsbedürftig. Aber wenn Jesus Kranke heilte, fröhlich feierte und von einem Gott erzählte, der die Menschen liebt, dann fingen die Menschen an zu spüren: Gott ist bereits hier und heute am Werk. Und zwar in der Person Jesu selbst. Deswegen sorgt er an zahllosen Stellen des Neuen Testamentes dafür, dass solche Feste und Mahlzeiten auch funktionieren, dass es stets genügend zu essen und zu trinken gibt. So gesehen ist auch das erste Wunder, das der Gottessohn im Johannes-Evangelium wirkt, wichtig. Jesus ist mit seinen Freunden und Verwandten auf einer Hochzeit in Kana in Galiläa eingeladen. Auch seine Mutter Maria ist mit von der Partie. So eine Hochzeit dauerte damals durchaus eine ganze Woche. Wer jüdische Hochzeiten kennt oder schon mitgefeiert hat, weiß, dass es da ziemlich abgeht. Da konnte schon einmal etwas knapp werden. Das gilt auch für den Wein. Als seine Mutter ihn auf diesen Umstand hinweist, scheint Jesus zunächst ein wenig unwirsch zu reagieren. Denn er sieht sich in der Tradition des Täufers Johannes zunächst als Umkehr- und Bußprediger. Deshalb weisen Bibelwissenschaftler darauf hin, dass der Satz: »Meine Zeit ist noch nicht gekommen« (Joh 2,4), auch so übersetzt werden könnte: »Ich habe etwas anderes zu tun!« Aber Jesus erkennt schnell: Das Reich Gottes beginnt mit ihm, mit seiner Person. Er muss den Menschen also deutlich machen, dass Gott wieder aktiv wird. Gott rettet nicht erst am Sanktnimmerleinstag. Er ist keine Vertröstungsinstanz für die Zukunft. Vielmehr hat das Reich Gottes hier und jetzt schon begonnen – mit ihm. Und deswegen reagiert er und verwandelt gut 600 Liter Wasser in Wein. Ausreichend auch für die durstigste jüdische

Hochzeit. Ganz folgerichtig heißt es dann am Ende des Berichtes: »So tat Jesus sein erstes Zeichen« (Joh 2, 11). Er zeigt also, dass Gottes Königsherrschaft angebrochen ist. Und die Folge: Seine Jünger glaubten an ihn.

Und so geht es lustig weiter. An zahlreichen Stellen in den Evangelien wird von Festen und Mahlzeiten gesprochen. Immer ist Jesus dabei. Das brachte ihm nicht nur Sympathiebekundungen ein. Und er weiß das auch. Nicht umsonst spricht er selbst davon, dass er »Fresser und Säufer« genannt wird (zum Beispiel in Mt 11,19).

Das war nun weiß Gott nicht freundlich gemeint. Denn die Menschen feierten in Galiläa und Judäa zur Zeit Jesu abgesehen von Hochzeiten wohl eher selten Feste. Frugale Gastmähler mit exklusiven Gerichten waren eher etwas für die Reichen. Die meisten Zeitgenossen Jesu lebten eher vegetarisch. Fleisch gab es nur selten und nur zu besonderen Anlässen. Man aß auch gerne Salz- und Süßwasserfische. Und zwar nicht nur am Meer oder rund um den See Genezareth. Das setzte die Konservierung des Fisches voraus. Auch Wildgeflügel und Eier kamen auf den Tisch.

Der Verzehr von Schweinefleisch war zwar verboten. Doch dass Schweinefleisch auf dem Speiseplan der Bevölkerung stand, belegen nicht nur bei Ausgrabungen gefundene Schweineknochen mit typischen Hack- und Schnittspuren, sondern auch die berühmte Schweineherde von Gerasa. Schon damals galt: Die Nachfrage regelt das Angebot!

Doch wie gesagt: Die Zeitgenossen Jesu hätte ein Veggie-Tag wenig genervt, den hatten sie sowieso ständig. Üppige Mahlzeiten mit Fleisch und Wein waren eher das Privileg einer wohlhabenden Oberschicht. Von daher ist es durchaus erstaunlich, dass Jesus häufig bei solchen Gastmählern zugegen war. Andererseits benutzte er diese Gelegenheiten immer wieder, um gerade die Reichen zur Umkehr und zur Verantwortung für die Armen aufzurufen. Die Feste werden durch Jesus zu einer Art »Benefizessen«.

Besonders deutlich wird das beispielsweise beim Abendessen, das Zachäus für Jesus gibt. Das Lukas-Evangelium berichtet uns davon. Zachäus war kein wirklich angenehmer Zeitgenosse. Vor allem war er süchtig nach Anerkennung. Weil er weder besonders gut aussah noch charmant war, holte er sich diese durch seinen Beruf. Lukas bezeichnet Zachäus als »Oberzöllner«. Das waren so ziemlich die unbeliebtesten Menschen, die man sich zur Zeit Jesu vorstellen kann. Im Rahmen des damaligen Zollwesens, das anders als heute nicht als hoheitliche Aufgabe galt, sondern privatwirtschaftlich organisiert war, muss man sich darunter einen wirtschaftlich potenten Unternehmer vorstellen, der das Recht, in einem bestimmten Gebiet Abgaben und Gebühren zu erheben, gepachtet – oder vielleicht besser: ersteigert – hatte. Er musste nun seinerseits zusehen, dass er nicht nur auf seine Kosten kam, sondern auch noch einen Gewinn erwirtschaftete. Es war also nicht die Kollaboration mit den Römern, der die Zöllner ihr schlechtes Image verdankten. Nein, sie waren einfach als raffgierig und skrupellos verschrien, und das nicht zu Unrecht.

»Oberzöllner« hatten das Recht, Abgaben zu kassieren, entweder weiterverpachtet, oder sie arbeiteten mit Angestellten, die das Geld für sie einkassieren mussten. Dass ein Oberzöllner an einer Zollstation saß, war eher unwahrscheinlich. Wenn Lukas von Zachäus ausdrücklich sagt, dass er reich war, so ist das plausibel. Er ist das, was man heute gerne eine »Heuschrecke« nennt.

Das Interessante an der Episode um Zachäus ist nun nicht, dass er klein gewesen und deswegen aus Neugier auf Jesus auf einen Maulbeerbaum gestiegen war. An der Geschichte ist vielmehr interessant, dass im lukanischen Zachäusbild zwei widersprüchliche Merkmale zusammenkommen: Einerseits ist Zachäus ein Zöllner und gehört damit zu jener Gruppe von Menschen, zu denen Jesus ein so gutes Verhältnis pflegte, dass man ihn »Freund der Zöllner und Sünder« nannte. Andererseits ist er »reich« und gehört damit zu solchen Menschen, denen der lukanische Jesus kritisch gegenüberstand.

Das Essen, das Zachäus zu Ehren Jesu gibt, belegt das. Wenn er nämlich bei Tisch verspricht, die Hälfte seines Vermögens den Armen zu geben und illegal »Abgepresstes« vierfach zu erstatten, bleibt er damit weit hinter dem zurück, was Lukas vorher von Levi erzählt und was Jesus an anderer Stelle von einem anderen reichen Mann verlangt. Weder tritt er als Jünger in die Nachfolge Jesu ein, noch will er »alles« zurücklassen oder weggeben. Mit dieser Darstellung des Oberzöllners Zachäus will Lukas dementsprechend zeigen, dass die Begegnung mit Jesus auch diejenigen Menschen verändert, die sich nicht dazu entschließen können, seine Jünger zu werden. Sie bringt einen reichen Oberzöllner dazu, sich seiner ethischen Verantwortung bewusst zu werden und entsprechend zu handeln. Zwar wird aus einer Heuschrecke nicht sofort ein Heiliger. Aber mit Jesus Mahl zu halten, macht Zachäus zu einem gerechten Mann. Mit Jesus zu essen und zu trinken, tut einfach gut – ein Grund, weshalb Jesus Partys so liebte.

– 11 –
Fisherman's friends

Jesus hatte zahlreiche Anhänger, aber nur zwölf von ihnen wurden von ihm selbst ausgesucht. Von ihnen kennt man zwar die Namen, aber leider nicht viel mehr. Vier von ihnen, Simon, genannt Petrus, und sein Bruder Andreas sowie die beiden Brüder Jakobus und Johannes waren in derselben Branche tätig: als Fischer am See Genezareth. Einer, Matthäus, auch Levi genannt, war Steuereintreiber für die römische Besatzungsmacht. Simon hingegen gehörte wahrscheinlich zu einer extremistischen Gruppe, den Zeloten. Diese kämpften mit Gewalt und Terror gegen die Römer. Nathanael, auch Bartholomäus genannt, wird häufig als Schriftgelehrter bezeichnet. Das ist aber bei Bibelwissenschaftlern durchaus umstritten. Von den anderen Aposteln wissen wir nicht, welchen Gewerben sie nachgingen. Wollte man von den Patronaten, die sie später für verschiedene Berufe übernehmen sollten, auf die von ihnen ausgeübten Tätigkeiten schließen, dann wären sie Metzger, Bäcker und Konditoren, Banker, Finanzbeamte, Fischer, Bergleute, Hutmacher, Schneider, Bauern, Winzer, Maurer oder Architekten gewesen. Das ist natürlich weit hergeholt und hat nichts mit ihren wirklichen Berufen zu tun. Mit einer solchen Argumentation könnte man Judas Iskariot zum Patron von CIA oder KGB machen – zum Patron der berufsmäßigen Spione und Verräter.

Auch von ihren persönlichen Verhältnissen wissen wir nicht so viel, aber immerhin etwas: Petrus zum Beispiel war verheiratet – und er hatte eine Schwiegermutter, die bei ihm wohnte. Ob das der Grund war, dass er ziemlich bereitwillig mit Jesus in der Gegend herumzog? Wenigstens konnte er dort das große Wort führen. Von den Zebedäussöhnen Jakobus und Johannes wissen wir, dass sie manchmal cholerisch und streitsüchtig sein konnten. Darauf verweist ihr Spitzname »Donnersöhne«. Außerdem hatten sie meist ihre Mama dabei, die sehr an der Karriereplanung ihrer Buben interessiert war. Nathanael war ziemlich leicht zu beeindrucken und Thomas ein eher skeptisch und zweiflerisch veranlagter Typ. Judas Iskariot schließlich hatte ein Händchen für Geldangelegenheiten und führte deshalb auch die Vereinskasse des Jüngerkreises. Im Johannes-Evangelium wird ihm unterstellt, dass er diese durchaus eigeninteressiert verwaltete. Alle gemeinsam verstanden sich die Zwölf wohl als Bodyguards für Jesus, die dafür sorgten, dass er bei seinen Auftritten nicht zu sehr von seinen Fans in Beschlag genommen wurde. Das war mitunter nicht in seinem Interesse. Gerade wenn es um Kinder ging, die sich von ihm segnen lassen wollten, konnte sich Jesus durchaus auch einmal aufregen, wenn seine Jünger das zu verhindern suchten. Manchmal sandte Jesus sie auch zu zweit aus, um selbst mal vom Reich Gottes zu predigen, Kranke zu heilen und unreine Geister auszutreiben, sprich: um Gelerntes zur Anwendung zu bringen. Sie hatten quasi Berufspraktika für ihre spätere Tätigkeit als Apostel zu absolvieren.

Wie es wirklich in der Gruppe ablief, welche Stimmung herrschte, das weiß man nicht genau. Wäre aber interessant, denn die zwölf bildeten eine buntgemischte Truppe. Bis auf Judas Iskariot war allen gemeinsam, dass sie aus Galiläa stammten. Wie jetzt? Buntgemischt und doch alle aus einer Gegend? Naja, dieses Gebiet, das zu Zeiten Jesu den ganzen Norden des Heiligen Landes umfasste, also vom Mittelmeer im Westen bis zur sogenannten Dekapolis östlich des Jordans reichte, war anders als der Rest von Israel. Zunächst einmal war Galiläa ziemlich dicht besiedelt. Man geht davon aus, dass zu Zeiten Jesu dort knapp drei Millionen Menschen lebten. Außerdem gab es eine recht große Menge von städtischen Siedlungen, wesentlich mehr als im Süden Palästinas. Seiner geografischen Lage entsprechend, Galiläa lag an den Handelswegen zu den reichen Gebieten und Stadtstaaten in Richtung des Partherreiches, war seine Bevölkerung sehr gemischt. Es gab hellenistische Gemeinden, römische Ansiedlungen, altjüdische Städte und dort wieder Menschen mit den unterschiedlichsten Muttersprachen und religiösen Bekenntnissen. Das Schöne daran: Die meisten lebten recht tolerant und in der Regel friedlich neben- und miteinander. Und das schon seit Jahrhunderten. Denn Galiläa gehörte geschichtlich zum Nordreich Israel. Dieses hatte sich nach dem Tode Salomos vom kleinen Südreich Juda abgespalten. Mit dieser staatlichen Trennung ging auch die Ausrichtung auf den Tempelkult in Jerusalem verloren.

Die hebräischen Nordlichter schufen sich ihr eigenes Heiligtum in Bet-El, nur einige Kilometer nördlich von Jerusalem, aber trotzdem schon im Staatsgebiet des Nordreiches, sodass die Pilgerwege fast die gleichen gewesen waren. Seit dieser Zeit galten die Bewohner Israels als nicht ganz koscher, kultisch gesehen als unrein. Sie wurden des Götzendienstes verdächtigt, allein deshalb, weil das Götterbild in Bet-El ein goldenes Kalb darstellte und man ja mit solchen Tieren schon auf der Wüstenwanderung mit Mose eher unangenehme Erfahrungen gemacht hatte. Auch nach der Eroberung des Nordreiches durch die Assyrer um das Jahr 722 v. Chr. wurde es nicht besser. Die Babylonier, die um das Jahr 587 v. Chr. Jerusalem erobert hatten, begnügten sich damit, die Jerusalemer Oberschicht ins Exil zu führen. Die assyrischen Herrscher waren da aus einem anderen Holz geschnitzt. Sie verfolgten eine Politik, die wir heute noch unter dem Begriff der »ethnischen Säuberung«

kennen. Die gesamte Bevölkerung wurde deportiert und entweder versklavt oder in einem anderen Gebiet ihres Reiches angesiedelt. An ihrer Stelle ließen sich Immigranten aus den verschiedensten Gebieten des Mittleren und Nahen Ostens im entvölkerten Land nieder. Diese brachten auch ihre eigenen Götter und Kulte mit. Die wenigen im Lande gebliebenen Israeliten waren nicht nur in der Minderheit, sondern auch der Überzeugung, von ihrem Gott verlassen oder zumindest von ihm im Stich gelassen worden zu sein. Also machten sie gute Mine zum bösen Spiel, indem sie ihren Glauben mit dem der Neueinwanderer verbanden. Das führte dann in Juda und in Jerusalem dazu, ihnen den Status als echte Juden abzusprechen. Und das war auch noch zu Zeiten Jesu so.

Die Galiläer waren also ein ziemlich durcheinander gewürfelter Haufen. Zugleich konnte man sie gut erkennen, denn sie hatten ihren eigenen Slang. Sie sprachen Aramäisch, eine dem Hebräischen zwar verwandte Sprache, aber doch deutlich von ihm zu unterscheiden. Und dieses Aramäisch war die Umgangssprache auch der umliegenden Gebiete, was spätere archäologische Funde gezeigt haben.

All das machte die Galiläer in den Augen des jüdischen Establishments in Jerusalem zu unsicheren Kantonisten. Dementsprechend wurden weder Jesus noch seine Jünger dort mit offenen Armen empfangen. Jesus konnte zumindest noch auf seine Abstammung aus dem davidischen Königshaus verweisen. Aber das war damals nicht wirklich eine große Sache und hatte zudem den Nachteil, dass man einen Nachfahren Davids in der Hauptstadt Judäas durchaus als Gefahr für die bestehenden Verhältnisse ansehen musste.

Warum aber sammelt Jesus seine Kernmannschaft für das kommende Himmelreich ausgerechnet in dieser religiös eher zwielichten Gegend? Die Antwort ist einfach: Die Jungs aus Galiläa waren deutlich aufgeschlossener gegenüber neuen Ideen als die Knaben im Jerusalemer Tempel. Sie waren mit ungewöhnlichen spirituellen Vorstellungen aufgewachsen, große theologische Tiefe war dagegen ihr Ding nicht. Immer wieder sprechen die Evangelien davon, dass auch die Zwölf ihren Rabbi nicht verstanden. Auch und gerade ihnen musste er häufig den Sinn seiner Gleichnisse noch einmal speziell erklären. Das hatte schlicht damit zu tun, dass die meisten aus seinem engeren Kreis als Galiläer keine so spezifische religiöse Ausbildung genossen hatten wie viele Pharisäer und Schriftgelehrte, die rund um Jerusalem wohnten. In Galiläa ging man am Sabbat zwar auch in die Synagoge, aber ansonsten gab es keine theologischen Fakultäten oder rabbinischen Schulen wie in Judäa. Fromm und begeisterungsfähig waren die Apostel also, aber nicht frömmlerisch und verstockt.

Jesu scherte sich nicht um die mangelnde Ausbildung seiner Fisherman's friends. Sie sollten ihn begleiten, sie sollten nach seinem Tod und seiner Auferstehung in der Welt die Frohe Botschaft vom Reich Gottes verkünden. Dabei wird ihnen gerade ihre Herkunft geholfen haben: Galiläa war eine Art Minilabor, ein Mikrokosmos des damaligen römischen Reiches. Die Jünger Jesu wussten genau, wie man in einer Umwelt, in der man unterschiedlichsten religiösen Vorstellungen begegnet, seinen eigenen Glauben überzeugend und treu zu leben vermochte – und ihn weitergeben konnte. Von daher wird verständlich, dass Jesus seine Auswahl nicht aufgrund der Persönlichkeitsstruktur der Männer getroffen hat, sondern im Blick auf die Aufgabe, die er ihnen zugedacht hatte: Zeugen der Auferstehung zu werden, Zeugen des Reiches Gottes, das mit Jesus als dem Christus zu den Menschen gekommen war. Und das taten sie mit Hingabe. Bis zu ihrem Tod. Und mehr müssen wir von ihnen eigentlich gar nicht wissen.

– 12 –
Selbst die größten Heiligen zoffen sich

Einträchtig stehen sie da auf dem Petersplatz in Rom – zwar nicht unbedingt nebeneinander, aber dennoch zusammen – und gewährleisten die Gültigkeit der Botschaft Jesu Christi, des Auferstandenen, der will, dass »alle eins sind« (vgl. Joh 17,11). Dieser Botschaft dienten sie beide bis zu ihrem gewaltsamen Tod in der Ewigen Stadt. Gemeint sind natürlich die Apostel Petrus und Paulus. Auf ihren Lehren und auf ihrem Zeugnis gründet die römische Kirche bis heute und deshalb zieren ihre beiden gewaltigen Statuen den Petersplatz, direkt vor der wichtigsten Kirche der Christenheit, dem Petersdom.

Die beiden scheinen unzertrennlich für uns Christen zu sein. Wir nennen sie häufig in einem Atemzug. Beispielsweise immer dann, wenn wir am 29. Juni ihrer gemeinsam gedenken: am Hochfest der Apostelfürsten Petrus und Paulus. Da haben sich zwei gesucht und gefunden! Oder? Nun, meist scheint das so der Fall gewesen zu sein. Andererseits: Ganz ohne Streit ging es bei diesen beiden Protagonisten der frühen Kirche auch nicht immer zu.

Davon berichtet uns das Neue Testament im Galaterbrief. Dort schreibt Paulus über einen Zwischenfall in Antiochia. Wörtlich lesen wir da: »Als Kephas nach Antiochia gekommen war, bin ich ihm offen entgegengetreten, weil er sich ins Unrecht gesetzt hatte« (Gal 2,11). Ups. Paulus greift Petrus öffentlich an?! Er nimmt ihn nicht zur Seite und gibt ihm einen brüderlichen Ratschlag im Sinne

einer »correctio fraterna«, die heute noch in
der Kirche gerne zwischen Mitbrüdern gepflegt wird – oder zumindest gepflegt werden sollte … Nein. Er nimmt ihn öffentlich
ins Gebet. Und das war damals um das Jahr
50 n. Chr. ebenso ungewöhnlich und unange-
nehm wie heute auch noch.

Wieso in Antiochia und nicht in Jerusalem?
In der »antiochenischen Kontroverse«, wie
das die Bibelwissenschaftler heute nennen,
ging es um die Einhaltung der jüdischen Rei-
nigungsgebote und Speisevorschriften. Das
scheint eigentlich weniger wichtig zu sein,
war aber sehr bedeutsam. Denn indem solche
Gebote, die noch nicht einmal von jedem Juden eingehalten wurden, nun zu einem ent-
scheidenden Kriterium für die Zugehörigkeit
zum neuen Gottesvolk werden, wird die Frage
ins Spiel gebracht, ob es sich bei den Christen nicht doch »nur« um eine Abspaltung des
pharisäischen Judentums handelte und nicht
um etwas ganz Neues.

Das war in einer Stadt, in der man die Anhänger Jesu zum ersten Mal als »Christen« bezeichnet hatte, ziemlich starker Tobak. Zumal deswegen, weil die antike Millionenstadt Antiochia durchaus dafür bekannt war, in religiöser Hinsicht ziemlich liberal zu sein. Das galt auch für die jüdischen Gemeinden. Das Judentum übte mit seinem strikten Monotheismus einen starken Reiz auf die Menschen aus. Die antiochenischen Synagogen wurden, wie man heute weiß, auch von vielen Heiden frequentiert, ohne dass diese gleich beschnitten werden mussten.

Gerade wegen dieses hohen Konkurrenzdruckes durch sehr liberale und offene jüdische Gemeinden galt es, hier in Antiochia zusammenzuhalten. Nur so konnte man die Strahlkraft der christlichen Gemeinde und ihres befreienden Glaubens absichern und dauerhaft gewährleisten. Noch einmal also: Warum ausgerechnet hier der Streit?

Petrus war nach Antiochia zu Besuch gekommen. Ganz selbstverständlich besucht er die christlichen Gemeinden der Stadt. Er feiert mit ihnen das Herrenmahl und ist auch bei ihren anschließenden Mahlzeiten zugegen, isst und trinkt ganz selbstverständlich, was man ihm vorsetzt. Doch plötzlich zieht er sich zurück. Er verurteilt nichts, prangert nichts als verwerflich oder häretisch an, sondern er entzieht sich schlicht und einfach der Gemeinschaft. Und er tut das just zu dem Zeitpunkt, als eine Gruppe von Hardlinern, die aus Judenchristen bestand, ebenfalls in Antiochia aufschlägt.

Das empört Paulus. Er bezichtigt Petrus – und übrigens auch die anderen Judenchristen – der Heuchelei. Sie würden, so sein Vorwurf, gegen ihre eigenen Überzeugungen handeln. Aus Angst vor Repressalien oder davor, irgendwie in ein schlechtes Licht gerückt und damit angreifbar zu werden, ist Petrus seiner eigenen Einsicht gegenüber untreu geworden.

Paulus will deutlich machen: Aus Angst vor anderen gefährdet Petrus das Grundprinzip der Koinonía, der eucharistischen Tischgemeinschaft. Das ist ein direkter Angriff auf die Einheit unter den Christen. Und er setzt noch einen drauf: Petrus »judaisiere«. Damit will er sagen: Wer so wie Petrus handelt, für den scheint offenbar nicht mehr der Glaube an die rechtfertigende Kraft des Kreuzes Jesu und seiner Auferstehung im Zentrum des Christentums zu stehen, sondern vielmehr die Einhaltung des gesamten jüdischen Gesetzes. Aber die Botschaft Jesu lautet: Wer glaubt und sich taufen lässt, der hat das ewige Leben! Da ist kein Platz mehr für Reinigungsvorschriften und Speisevorschriften. Wer diese Überzeugung zu seiner eigenen gemacht hat, braucht keine falschen Rücksichten mehr zu nehmen – und zwar vor nichts und niemandem! Alles andere ist reine Heuchelei.

Petrus jedenfalls scheint die Empörung des Paulus verstanden und seine Lektion gelernt zu haben. Wir lesen an keiner weiteren Stelle des Neuen Testamentes mehr, dass er noch einmal auf ein gemeinsames Essen mit Heidenchristen verzichtet hätte. So muss das eigentlich auch mit dem Zoff sein: Man darf sich ruhig mal in die Haare kriegen. Hauptsache, man lernt daraus. So wie Petrus und Paulus.

– 13 –
Jesus vergab der Ehebrecherin – oder doch nicht?

Es ist eine der bekanntesten Episoden des Neuen Testamentes: die Begegnung Jesu mit der Ehebrecherin. Die Szene beginnt ganz harmlos. Jesus kommt in den Tempel und hält gewissermaßen eine Volkshochschulveranstaltung ab. Er lehrt die zahlreich erschienenen Menschen, die sich neugierig um den mittlerweile bereits recht berühmten Rabbi aus Nazareth versammelt haben. Doch kaum setzt er mit seiner Lehrstunde an, schleppen seine Gegner eine Frau an, die beim Ehebruch ertappt worden war. Sie stellen sie für alle sichtbar in die Mitte – wohl nicht um sie noch einmal besonders zu demütigen, sondern um die Reaktion Jesu für alle sichtbar zu machen. Denn er soll den Fall entscheiden. Eigentlich eine klare Sache: Nach dem jüdischen Gesetz steht auf Ehebruch die Steinigung.

Allerdings steckt viel mehr hinter dieser Angelegenheit. Die Schriftgelehrten fordern mehr als nur ein Urteil. Sie wollen Jesus eine Falle stellen. Dieser Mann aus Galiläa war für sie doch äußerst lästig. Einerseits trat er mit dem Anspruch auf, Gottes Willen besser als sie zu kennen und so sein Gesetz vollkommen erfüllen zu können. Andererseits konterkarierte er mit seinem Umgang mit Zöllnern und Sündern zugleich die ganze Tradition der Gesetzesauslegung. Das war nicht nur unbequem. Das war vielmehr auch gefährlich. Deswegen suchte man einen Grund, sich seiner entledigen zu können. Und der scheint mit diesem Fall gefunden zu sein. Sie sind fest davon überzeugt, diesen Möchtegern-Messias als einen solchen nun auch vor aller Welt entlarven zu können.

Das Kalkül war so simpel wie überzeugend: Schützt er diese Frau nicht, unterstellt er sich der Autorität der Schriftgelehrten. In diesem Falle braucht man einen wie ihn aber eigentlich nicht. Das schriftgelehrte Original ist allemal besser als die Kopie. Beschützt er aber mit seiner Entscheidung selbst eine solche Ehebrecherin, die ganz offensichtlich gesündigt hat, dann ist Jesus vor jedem entlarvt, der es überhaupt noch ernst meint mit Gottes Geboten. Wie Jesus sich also entscheiden würde, stets konnte man sein Urteil gegen ihn verwenden. Mit diesem Fall wäre auch der Fall Jesu erledigt. Dachten sie.

Denn Jesus lässt sich auf ein solches abgekartetes Spielchen nicht ein. Er entzieht sich der beiden Alternativen durch eine einfache Geste. Er bückt sich und schreibt in den Sand auf dem Boden. Hektoliterweise ist in der Geschichte der Bibelauslegung Forscherfleiß vergossen worden, um zu erraten, was er da wohl geschrieben hat. Als ob es darauf ankäme. Denn was diese kritische Situation auflöst, sind nicht seine Worte im Sand. Es ist vielmehr die ruhige, fast abgeklärte Nachdenklichkeit, die Jesus in dieser Angelegenheit an den Tag legt. Er durchbricht damit die Aufgeregtheit der Szenerie. Indem er sich Zeit zum Überlegen nimmt, gibt er auch allen anderen Beteiligten die Möglichkeit, ruhig zu werden und ein bisschen nachzudenken. Das gefällt seinen Gegnern gar nicht. Hartnäckig drängen sie ihn, nun gefälligst ein Urteil zu fällen. Himmelherrgott, so schwer kann das doch wohl nicht sein. Genau hier fällt dann der berühmte Satz: »Wer von Euch ohne Sünde ist, werfe den ersten Stein!« (Joh 8,7) Der Fortgang der Geschichte ist bekannt: Die Ankläger verschwinden. Sie können das sogar ohne Gesichtsverlust tun, denn indem sie den Kreis um Jesus verlassen, stellen sie sich selbst ein

Zeugnis der Nachdenklichkeit aus. Als Jesus dann mit der Frau alleine zurückbleibt, verurteilt er sie ebenfalls nicht, sondern schickt sie in ihren Alltag zurück, in ihr Leben – allerdings mit der Forderung, kein zweites Mal zu sündigen. Jesus bagatellisiert damit die Sünde nicht. Sünde bleibt Sünde. Aber damit die Sünderin wieder leben kann, muss die Sünde im Namen Gottes vergeben werden können. Nur so spüren die Menschen die Barmherzigkeit seines Vaters.

Wunderbar: So kennen wir Jesus. So lieben wir ihn! Er verkündet Gottes Barmherzigkeit selbst in den aussichtslosesten Situationen. Bereits der Kirchenlehrer Augustinus hat die Pointe dieser Erzählung ganz im Sinne der biblischen Botschaft in das klassisch gewordene Wortspiel gefasst: »Nur zwei blieben zurück, die Erbarmungswürdige und die Barmherzigkeit« (misera et misericordia).

Aber leider, leider ist diese Geschichte eigentlich nicht biblisch. Zumindest ist sie in keiner der frühen Handschriften des Johannes-Evangeliums enthalten. Sie taucht zum ersten Mal außerbiblisch in der »Didaskalia«, einer syrischen Kirchenordnung des 3. Jahrhunderts, auf. Von dort wandert sie allmählich in die verschiedenen griechischen und lateinischen Bibelhandschriften. Eine Immigration der Barmherzigkeit also.

Erst die lateinische Bibelübersetzung des Hieronymus, die Vulgata, nimmt die Episode in den Kanon der neutestamentlichen Bibel auf. Das ist übrigens für viele Bibelwissenschaftler bis heute Grund genug, sie in ihren Kommentaren zu übergehen. Offenbar kennen Bibelexperten bei Fragen der nachträglichen Barmherzigkeit kein Pardon. Das ist schade, denn ganz zweifellos atmet die Geschichte den Geist der Botschaft Jesu. Ein zeitgenössischer Theologe schreibt denn auch, dass ihre dunkle Entstehungsgeschichte ihre helle Wirkungsgeschichte in der Kirche nicht hat verhindern können. Recht hat er.

Uns wäre ein kostbares Juwel verloren gegangen!

Die spannende Frage ist aber nun: Was hat die Kirche des 3. und 4. Jahrhunderts bewogen, diese Erzählung so spät noch in den Text des Johannes-Evangeliums einzufügen? Um das zu verstehen, muss man einen kleinen Exkurs in die damalige kirchliche Situation unternehmen. Denn es gab zu jener Zeit eine ziemlich heftige Auseinandersetzung über die Frage, wie mit rückfällig gewordenen Sündern umzugehen sei. Viele Gläubige der frühen Kirche waren nämlich davon überzeugt, dass in ihrer Gemeinschaft eine schwerwiegende Sünde nicht mehr vorkommen dürfe. Das bedeutete, dass es bei solch schweren Verfehlungen wie dem Abfall vom Glauben, Mord und Ehebruch eigentlich keine Vergebung mehr geben konnte. Denn die Kirche sollte rein, heilig und makellos sein. Das hatte schon der Apostel Paulus geschrieben (vgl. Eph 5,25).

Doch die Realität sah eben anders aus. Man musste sich eingestehen, dass auch nach der Taufe und der damit verbundenen Annahme des Glaubens immer wieder solche Dinge passierten. Wie sollte man damit umgehen? In der Kirche galt es schon früh als ausgemacht, dass diejenigen, die eine schwere Sünde begangen hatten, aus der Gemeinschaft der Gläubigen ausgeschlossen werden müssten. Aber ganz und gar unbarmherzig wollte man auch wieder nicht sein. Deshalb gab man ihnen die Gelegenheit, durch ein langes und recht hartes Bußverfahren wieder in die Kirche aufgenommen zu werden und mit ihr versöhnt zu sein. Man nannte dieses einmalige Bußverfahren auch die »mühevolle Taufe« im Unterschied zur ersten Taufe, die man ganz mühelos über sich ergehen lassen konnte.

Gegen diese kirchliche Praxis formierte sich im 3. Jahrhundert heftiger Widerstand. Man hielt sie für lax. Überhaupt, so die Meinung mancher ganz radikaler »Heiliger«, habe die Kirche gar nicht das Recht, Sünden vergeben zu dürfen. Diese Hardliner der christlichen Vollkommenheit, Montanisten genannt, waren der Überzeugung: Wer nach der Taufe einen Mord oder einen Ehebruch begeht oder wer vom Glauben abfällt – und sei es auch aus Angst vor Folter und Tod während einer damals allfälligen Christenverfolgung – gehöre definitiv aus der »heiligen Kirche« ausgeschlossen und zwar ohne eine Möglichkeit der Rückkehr.

Diese Haltung stellte freilich niemals den kirchlichen Mainstream dar. Sie wurde schon unmittelbar nach ihrem ersten Auftreten von kirchlichen Synoden zurückgewiesen. Vielmehr blieb man bei der bisherigen Bußpraxis: Einmal kann es eine Buße und eine Rückkehr in die Kirche geben, oder etwas salopp gesagt: Einmal darf schwer gesündigt werden.

Diese kirchliche Einstellung hielt sich bis ins 6. Jahrhundert. Erst die iroschottischen

Mönche, die unter anderem Germanien missionierten, weichten diese strikte Haltung auf und machten die Buße für Christen wiederholbar. Unsere Vorfahren haben wohl zu häufig moralisch versagt.

Was bedeutet das für den biblischen Text? Vergab Jesus jetzt der Ehebrecherin oder nicht? Wenn ja, wieso? Und überhaupt: Was schrieb Jesus in den Sand? Vor dem Hintergrund des Bußstreites wird es jetzt plausibel, warum die Geschichte von Jesu Begegnung mit der Ehebrecherin so an Bedeutung gewann. Denn es war in jeder theologischen Auseinandersetzung durchaus hilfreich, sich auf eine biblische Belegstelle berufen zu können. So konnte man die Schriftgelehrten und Pharisäer einfach durch die kirchlichen Rigoristen ersetzen und schon war man in der Lage, die Herrschaften in ihre Schranken zu verweisen. Die Botschaft bleibt dabei bis heute bestehen: Der barmherzige Gott kann verzeihen – auch wenn das Gesetz etwas anderes vorsieht. Dem

Johannes-Evangelium hat dieser spätere Ein-
schub gutgetan. Uns Sündern auch! Was im
Sand stand, ist daher egal. Wobei: Interessant
wäre es schon …

– 14 –
Elija: Auch in der Bibel gab es Burn-outs

Elija war erschöpft und müde. So viel war in den letzten Jahren geschehen: Erst der Disput mit Ahab, dem König des Nordreiches Israel, seinem König, weil dieser sich dem Wettergott Baal zugewandt und die Wege Jahwes, des Herrn, verlassen hatte. Dann die lange Dürre, mit der Gott den König wieder zur Vernunft bringen wollte. Unter ihr hatte das ganze Volk leiden müssen und er, Elija, war dafür verantwortlich gemacht worden und hatte fliehen müssen. Danach die Zeit mit der Witwe in Sarepta und der Sorge um ihr krankes Kind.

Schließlich seine Rückkehr nach Israel und der Wettstreit mit den Baalspropheten. Zugegeben: Dort auf dem Berg Karmel hatte Elija eine gewaltige Gotteserfahrung machen können. Er hatte erleben dürfen, dass Gott ihn in seinem Prophetenamt vor dem ganzen Volk bestätigte, dass sein Brandopfer auf dem Altar, den er auch noch ordentlich gewässert hatte, vom Feuer aus dem Himmel restlos verzehrt wurde. Die vierhundertfünfzig Baalspriester hatten dagegen mit all ihren Gebeten und dem dazugehörigen Brimbamborium nichts hinbekommen. Ihr Gott hatte wohl an diesem Tag etwas anderes zu tun. In jedem Fall antwortete er ihnen nicht. Nach diesem überwältigenden Zeichen hatten die Israeliten die Götzenpriester getötet und den Baalskult ausgelöscht und Elija hatte einen überwältigenden Sieg errungen, einen berauschenden Erfolg verbucht.

Aber wie das so nach berauschenden Erfolgen ist: Plötzlich wird man nüchtern. Im Fall von Elija heißt das, dass Isebel, die Frau des Königs Ahab, ihm Rache geschworen hatte. Und das findet der Prophet alles andere als berauschend. Ja, mehr noch: Er kriegt Angst, gerät in Panik und rennt davon. Weg, einfach nur weg von allem. Elija rennt und rennt und rennt, bis in die Wüste. Dort legt er sich unter einen Strauch, fühlt sich elend und nutzlos, und will einfach vergessen. Alles. Sogar sterben will er, so jämmerlich kommt er sich vor. Er, der erfolglose Prophet, er hat nichts erreicht und ist keinen Deut besser als seine Vorfahren. Und das schreit er dann auch seinem Gott entgegen: »Genug jetzt, Herr. Nimm mein Leben. Ich bin nicht besser als meine Väter!« (1 Kön 19,4) Dann schläft Elija völlig erschöpft und ausgepowert ein.

Diese Müdigkeit ist medizingeschichtlich weltberühmt geworden. Bevor nämlich in den 1970er-Jahren der Begriff »Burn-out« geprägt wurde, wurde dieser Krankheitsbefund, der heutzutage leider bei immer mehr Men-

schen konstatiert wird, als »Elija-Müdigkeit«
bezeichnet. Man versteht darunter die Er-
mattung durch den alltäglichen Stress. Ein
Ausgebranntsein durch die eigene berufliche
und manchmal auch familiäre Situation. Eine
Erschöpfung, die mit einer verminderten Be-
lastbarkeit einhergeht und zu tiefer Depres-
sion, teilweise sogar zu Todessehnsucht und
Suizidgefahr führt. Sie kann ohne fremde
Hilfe häufig nicht mehr bewältigt werden.
Man bricht unter seiner Lebenslast zusammen und resigniert – wie eben Elija.

Sieh mal einer an. Die Bibel als Medizin-
buch? Naja, zumindest hier. Und wir bekommen auch gleich eine hilfreiche Therapie gegen diese Krankheit mitgeliefert. Im Fall unseres ausgebrannten Propheten stammt sie
von Gott selbst. Denn der lässt sich vom To-
deswunsch seines Arbeitnehmers nicht beeindrucken. Stattdessen gönnt er ihm Ruhe, lässt
ihn erst einmal ausschlafen. Dann schickt er
einen Engel zu Elija, der ihn mit ausreichend

Nahrung versorgt. Regelmäßige Mahlzeiten und Ruhe, das braucht der Patient jetzt.

Aber der Engel tut noch mehr. Er stellt ihm nicht einfach das Essen hin und verschwindet wieder. Er berührt ihn auch, ohne in aufzuwecken. Deswegen erschrickt der krankgeschriebene Prophet auch nicht und hat diesmal keine Angstattacken. Vielmehr scheint es ihm gut zu tun, dass er nicht allein ist. Er darf spüren, dass da jemand ist, der sich um ihn kümmert und seine innere Not wahr- und ernstgenommen hat.

Nach und nach kehren Elijas Kräfte zurück. Die himmlische Speise scheint diesen eigentlich langwierigen Prozess beschleunigt zu haben. Beim zweiten Besuch des Engels wird ihm auch noch zur Essensausgabe eine Begründung mitgeliefert: »Sonst ist der Weg zu weit für dich!« (1 Kön 19,7) Dabei handelt es sich nicht um einen neuen Arbeitsauftrag. Vielmehr schickt der Engel den Propheten weg von seiner bisherigen Wirkungsstätte, raus aus dem Königreich Israel, hin zum Gottesberg Horeb. Dieser Berg war die eigentliche Kraftquelle Israels. Hier hatte Gott sich im Alten Testament immer wieder seinem Volk offenbart.

An diesem Berg nun steht der gescheiterte leitende Außendienstmitarbeiter vor seinem Arbeitgeber. Gott zeigt sich dem leidenschaftlichen Eiferer für seine Sache aber in einer unerwarteten, ganz neuen und völlig überraschenden Weise. Nicht im Sturm, nicht in einem starken Erdbeben begegnet ihm sein Herr. Es ist nicht das große Zeichen, nicht das Furchteinflößende, nicht das Beeindruckende, das die Gottesbegegnung Elijas begleitet. Gott macht kein Getöse. Die Kraft für eine Erneuerung seines Auftrags, wieder als Prophet und Werkzeug Gottes in Israel zu wirken, schenkt er ihm im Gegenteil ganz leise und sehr sanft. So ist eben die Fürsorge Gottes.

Und Gott, der ihn so gestärkt und mit neuer Kraft erfüllt hat, schickt Elija nicht wieder einfach zurück in die Tretmühle des Alltags. Ein »Weiter so wie bisher« darf und kann es nach diesem Prophetenburnout nicht geben. Deswegen stellt ihm Gott mit Elischa einen jungen tatkräftigen Mitarbeiter und Helfer zur Seite. Der Einzelkämpfer Elija erhält einen Mitstreiter zugeteilt. Einer, der ihm Gutes tut und guttut.

Man könnte die biblische Burn-out-Therapie wie folgt zusammenfassen: ausruhen; regelmäßige Mahlzeiten; Fürsorge durch andere; Distanz zur Arbeit schaffen; eine neue Sicht auf die Welt und sein Leben finden; zurück zu den Quellen des persönlichen Glücks gehen; neue Aufgaben, die man auch bewältigen kann und schließlich Helfer an der Seite, die eine erneute Vereinsamung und Überforderung verhindern.

Bei all diesen therapeutischen Schritten war Gott dabei, hat sie begleitet und geleitet. Elija tat das sichtlich gut. Den Menschen unserer Tage würde das sicherlich auch nicht schaden.

Allerdings muss man Gott vertrauen und sich von ihm begleiten lassen.

– 15 –
Jakob: Der erste Fall von Segenshinterziehung

Vor knapp fünfzig Jahren veröffentlichte der deutsche Schriftsteller Jurek Becker seinen bekanntesten Roman »Jakob der Lügner«. Darin geht es um einen Mann in einem jüdischen Ghetto während der Nazizeit, der immer wieder lügt, um die Hoffnung seiner Mitmenschen auf Rettung lebendig zu halten. Denn ohne eine solche Hoffnung wird jedes Leid absurd. Dass der Protagonist dieses Romans den Namen Jakob trägt, mag zufällig sein, verbindet sich dennoch sehr einleuchtend mit einer der bedeutendsten Gestalten des Alten Testamentes, dessen Lügen und Listen biblisch nicht bestraft, sondern letztlich sogar belohnt wurden. Wir sprechen von Jakob, einem der Söhne von Isaak und dessen Frau Rebekka. Diese war nach langen Jahren des Wartens endlich schwanger geworden. Und die Schwangerschaft hatte es in sich. Ihr wurden nämlich Zwillinge geschenkt und die beiden Jungs fetzten sich schon im Mutterleib gewaltig. Bei der Geburt kommt Esau als Erster zur Welt. Jakob gefiel das offensichtlich ganz und gar nicht, denn er folgte ihm so unmittelbar, dass er noch die Ferse seines Bruders fest im Griff hatte. Von dieser Begebenheit zeugt denn auch Jakobs Name. Er bedeutet im Hebräischen so viel wie »Ferse«. Daneben hat das dem Namen zugrunde liegende hebräische Verb die Bedeutung von »überlisten«. Insofern steht Jakobs Name geradezu prägend für die Person, der er gegeben wurde – oder wurde Jakob nur zu dem, der er war, weil er diesen Namen erhielt?

Egal. Das Zwillingspärchen konnte jedenfalls unterschiedlicher nicht sein. Während Esau ein Herumtreiber, Jäger und ein richtiger Kraftprotz war, außerdem ziemlich behaart und mit einem sehr dunklen Teint, war Jakob lieber daheim bei Mama Rebekka und den Tieren. Als Hirte kannte er sich hervorragend mit Schafen und Ziegen aus, und vor allem: Er war schlau und gerissen. War Esau eindeutig der Favorit des Vaters, so war Jakob Muttis Liebling. Von ihr scheint er auch das Kochen gelernt zu haben, was noch von Bedeutung sein wird. Neben seiner Häuslichkeit war Jakob seiner Mutter wohl auch deshalb so ans Herz gewachsen, weil sie während ihrer Schwangerschaft eine Vision hatte, in der ihr der Jüngere ihrer beiden Söhne als der Träger der Verheißungen Gottes an Abraham gezeigt wurde. Der Zweitgeborene sollte gegen alle Sitte und Gewohnheit also der Herr im Hause werden.

Nur gibt es ja da dieses Erstgeburtsrecht. Man kann Esau, den Älteren, nicht einfach übergehen. Und Revolutionen in einer paternalistisch geprägten Gesellschaft sind schwer vorstellbar. Wie bekommt man das Gesetz also auf seine Seite? Das Buch Genesis beantwortet diese Frage mit einem Fingerzeig an unser Wirtschaftsrecht: Jakob wird dieses Erstgeburtsrecht kaufen. Von seinem hungrigen Zwillingsbruder tauscht er es einfach für eine schmackhafte Mahlzeit aus Linsen und anderen leckeren Zutaten ein. Damit hat er die rechtlich korrekte Grundlage für alle späteren erfolgreichen Deals gelegt: Jenem mit seinem Vater Isaak und letztlich auch mit Gott selbst.

Zunächst hatte dieser Kauf übrigens gar keine Folgen. Alles bleibt beim Alten: Isaak leitet den Stamm, Esau geht zum Jagen und Jakob bleibt zu Hause bei den Zelten und kümmert sich um die Tiere des Clans. Die Zeit verrinnt. Alle scheinen die damalige Begebenheit mit dem Linsengericht vergessen zu haben. Esau auf jeden Fall. Und Isaak hat wohl gar keine Ahnung davon. Dieser wird nun mit den Jahren alt und gebrechlich. Er sieht auch nicht mehr richtig und merkt, dass seine Tage langsam gezählt sind. Deswegen will er noch rechtzeitig seine Angelegenheiten ordnen und außerdem möchte er sich so kurz vor dem irdischen Toresschluss auch noch einmal etwas richtig Gutes gönnen: etwas frisch Erlegtes von seinem großen Sohn. Denn mit so einem Leckerbissen vor der Nase segnet es sich viel leichter.

Der Papa ruft deshalb seinen Stammhalter zu sich und trägt ihm auf, ihm ein schönes Stück Wild zu erlegen. Dann, satt und zufrieden, will er Esau segnen und sterben. Das lässt sich sein Großer nicht zweimal sagen, sondern begibt sich sogleich auf die Pirsch. Alles wäre wohl auch genau so gelaufen, hätte nicht Rebekka eingegriffen. Sie hat das Gespräch ihres Gatten mit Esau mitgehört und entwickelt einen Plan, den man im Grunde nur als »Anstiftung zur Segenshinterziehung« bezeichnen kann. Offensichtlich will sie der Verheißung Gottes zu ihrem Recht verhelfen. Zumindest jedoch möchte sie nicht, dass ihr Lieblingssohn für den Rest seines Lebens die zweite Geige zu spielen hat. Esau als »Commander in chief« zu sehen, scheint ihr eine unerträgliche Vorstellung gewesen zu sein. In jedem Fall beauftragt sie Jakob, zwei Ziegen aus der Herde zu wählen, die sie für Isaak so zubereiten wird, dass es ihm schmeckt. Wahrscheinlich war bei ihm nicht allein die Sehkraft, sondern auch der Geschmackssinn altersbedingt geschwächt! Jakobs Hinweis, dass Esau doch ziemlich behaart und einen ganz besonderen Körpergeruch hat, den wir uns nicht weiter vorstellen müssen, übergeht sie. Wenn der Vater »den Braten riecht«, so wird sie alles auf ihre Kappe nehmen. Wir merken schon, von wem Jakob seine Gerissenheit geerbt hat!

Mit einem herrlich duftenden Essen in den Händen, um die Arme das rauhe Fell der Ziegen, die er für den Braten geschlachtet hat, und angekleidet mit den Festtagsgewändern seines Bruders begibt sich Jakob nun zu seinem Vater und stellt sich als Esau vor. Es ist seine erste Lüge in dieser Geschichte. Isaak mag blind sein, dumm ist er in keinem Fall – und hören kann er auch noch bestens. Er glaubt, Jakobs Stimme zu vernehmen. Da er genau um dessen listige Art weiß, fordert er einige weitere Zeichen. Er will sicher sein, dass es denn wirklich Esau ist, den er nach dem Mahl segnen will. Er will sich also angesichts des bedeutenden Geschehens, das sich vollziehen soll, nicht ins Bockshorn jagen lassen. Als der Vater kritisch fragt, wie er es denn so schnell geschafft habe, ein Tier zu erlegen, bringt Jakob Gott ins Spiel. Der Gott Isaaks selber habe es ihm über den Weg laufen lassen. Isaaks Gott, nicht seiner! Denn diesmal spielt Jakob selber Gott. Es ist seine zweite Lüge. Dem Vater ist die Sache trotz der frommen Redensarten immer noch verdächtig und er lässt ihn zu sich kommen, um ihn zu ertasten. Und erst jetzt ist er überzeugt – und segnet. Bei diesem Segen handelt es sich um eine Art Ritus, ein heiliges Schauspiel. Es vollzieht sich in vier Schritten: Zunächst wird die Identität festgestellt. Wie vor Gericht. Da muss ebenfalls jeder am Anfang noch einmal amtlich Namen und Geburtsdatum bestätigen, obwohl alle im Raum genau wissen, wer er ist. Isaak fragt also noch einmal: »Bist du es, mein Sohn Esau?« Und Jakob lügt wieder – zum dritten Mal – und verleugnet damit sein wahres Ich. Dann folgt das Essen: Akt zwei. Ein feierlicher Anlass. Da gehört auch heute noch ein Festmahl dazu. Es schließt sich als dritter Akt unseres Segensschauspiels eine körperliche Berührung an. Nur so kann die im Segen zugesagte Lebenskraft direkt fließen. Dann, als krönender Abschluss und Höhepunkt des Geschehens vollzieht sich der Segen. Dieser

Segen hat keine festgelegte Formel, sondern ist inspiriert von der vorhergehenden körperlichen Berührung. Darauf verweist der Duft der Kleider, die Isaak in sich aufnimmt. Und was nun folgt ist einerseits ein Fruchtbarkeitssegen. Isaak verheißt Jakob, dem Esau-Klon, von allem genug: von oben vom Himmel und von unten von der Erde; Korn und Most; zu essen, zu trinken – alles in Überfülle.

Andererseits stellen Isaaks Worte aber auch einen Herrschaftssegen dar. Dieser nimmt auf, was Rebekka während ihrer Schwangerschaft gehört hat: Dienen sollen ihm seine Brüder; verflucht sei, wer ihn verflucht, gesegnet, wer ihn segnet. So schließt der Segen. Isaak ist fertig. Jakob geht. Esau tritt in Erscheinung. Der Betrug fliegt auf und die Reaktion von Vater und Sohn war zu erwarten. Isaak erschrickt, zittert und erbebt. Esau schreit und heult. Aber es ist nichts mehr zu ändern. Warum eigentlich nicht? Nun, das hat damit zu tun, dass der Segen im Alten

Testament mehr bedeutet als ein gutes Wort, das man zugesprochen bekommt. In der Bibel hat es der Segen in sich! Er enthält die Zusage der Lebenskraft Gottes, also: Fruchtbarkeit, Nachkommenschaft, Nahrung, Herrschaft. Und wie Gott nicht einmal »hü« und ein anderes Mal »hott« sagt, sondern zu seinem Wort steht und damit seine Treue zeigt, kann ein einmal gegebener Segen auch nicht so einfach zurückgenommen werden. Besser gesagt: Er kann überhaupt nicht widerrufen werden! Ein Gott! Ein Wort! Ein Segen!

Das hat auch damit zu tun, dass im Hebräischen ein ausgesprochenes Wort nicht einfach so dahingesagt ist. Der Begriff »Wort« bedeutet nämlich dort zugleich »Sache« und »Ereignis«. Wenn also Gott im biblischen Schöpfungsbericht sagt: »Licht« (Gen 1,3), dann ereignet sich dieses Wort: Es ist Licht da. Sofort und unmittelbar. Es muss nicht erst ein Schalter umgelegt werden. Worte haben bei Gott eben noch Bedeutung!

Das gilt genauso – wie es in dieser biblischen Erzählung deutlich wird – für den Segen. Wenn in der Bibel gesegnet wird, dann wird nicht einfach so dahergeredet. Vielmehr wird demjenigen, der den Segen erhält, von Gott das verliehen, was der Segen enthält. Im Segen geschieht genau das, was gesagt ist. Von daher wird klar, warum man einen Segen nicht wiederholen kann. Denn die Gabe ist gegeben. Sie kann sich nicht einfach verdoppeln. Was weg ist, ist weg! Da muss dann schon ein anderer Segen her. Und zwar einer, der das beinhaltet, was übrig geblieben ist. Und das war im Falle Esaus nicht wirklich viel – und in keinem Fall das, was der Gute sich erhofft haben mochte. Fern vom Fett der Erde und vom Tau des Himmels muss er leben. Nichts ist es mit Fruchtbarkeit! Und statt zu herrschen wird Esau von seinem Schwert leben müssen, d. h. er muss sich als Söldner verdingen oder als Räuber sein Dasein fristen. Seinem Bruder muss er dienen. Aber – und hier ist doch noch ein Hoffnungsschimmer zu sehen – wenn Esau das erträgt, so wird das Joch des Dienstes irgendwann abgestreift werden. Alles in allem keine schönen Aussichten für die ehrliche Haut Esau! Der dreifache Lügner Jakob wird gesegnet. Er gewinnt. Und auch in der Bibel scheint zu gelten: The winner takes it all!

– 16 –
Die Geheime Offenbarung des Johannes: Ein Grund zur Freude

Wer es gerne schaurig mag, wird sich bei der Lektüre der letzten Schrift, die es in den Kanon des Neuen Testamentes geschafft hat, so richtig wohlfühlen. Alles kommt da zusammen: Krieg, furchtbare Seuchen und Krankheiten, Monster, Aliens, Feuer, Engel- und Dämonenschlachten. Ein Fest für jeden Horrorfilmproduzenten. Er findet eine Unzahl beeindruckender und erschreckender Motive, die sich cineastisch-fantastisch aufarbeiten lassen. Der Gänsehaut-Effekt ist garantiert,

Schlafstörungen und Panikattacken zumindest nicht ausgeschlossen.

Und das »Beste« dabei: Die Visionen des Buches werden ja offenbar wahr. Nachdem die Katastrophen und Kriege weltweit zuzunehmen scheinen und immer mehr Menschen bei der Entwicklung des Klimas, der Wirtschaft, des Friedens oder der Flüchtlingsströme auf unserem Planeten einen erschütternden Niedergang der Zivilisation wahrnehmen, werden auch die Stimmen lauter, die davon ausgehen, dass wir in der sogenannten »Endzeit« leben. Weltuntergangsszenarien und der entsprechende Nervenkitzel werden nicht nur von der Filmindustrie aufgegriffen, sondern haben auch bei manchen Vertretern der Wissenschaften und – natürlich! – bei zahlreichen religiösen und pseudoreligiösen Gruppierungen Konjunktur.

Dabei ist die Offenbarung des Sehers Johannes (bitte verwechseln Sie ihn nicht mit dem gleichnamigen Apostel!) genau betrachtet kein Drehbuch für einen unabwendbaren »doomsday«, wie der Weltuntergang englisch genannt wird. Und sie ist auch nicht geheim, obwohl sie immer wieder so genannt wurde. Sie ist als Schreiben an sieben christliche Gemeinden in der damaligen römischen Provinz »Asia« verfasst worden. Diese Gemeinden, die sich alle auf dem Gebiet der heutigen Türkei befanden, waren in einer ziemlichen Krisensituation. Denn der römische Kaiser Domitian, der damals herrschte, war der erste Herrscher, der sich selber als »dominus et deus«, als »Herr und Gott« bezeichnen ließ. Wie es solche selbsternannten Götter so an sich haben, genügte ihm der Titel nicht. Er wollte sich auch gebührend anbeten lassen. So entstand ein ausgeprägter Kaiserkult mit allem, was dazugehörte: Tempel, Opfer, Rituale. Alles Dinge, die Christen nicht besuchen und nicht feiern durften. Das führte dazu, dass die Christen als vaterlands- und gottlose Gesellen angesehen wurden. Dass dabei Verfolgungen auf Dauer nicht ausbleiben, ist nicht überraschend.

Die frühen christlichen Gemeinden fühlten sich dabei in guter Gesellschaft. Denn in einer solchen ausweglosen Situation hatte sich ein paar Jahrhunderte vorher auch das jüdische Volk befunden. Unter den Seleukiden, einer Herrscherdynastie, die auf einen Mitstreiter Alexander des Großen zurückging und große Teile der heutigen Türkei und des Nahen Ostens regierte, hatte es seine politische Eigenstaatlichkeit verloren. Die Herrscher aus dem Seleukidenclan waren besessen von einem radikalen Einheitsgedanken. Sie waren davon überzeugt, dass nur eine gemeinsame Lebens- und Denkweise die Einheit ihres Reiches sichern konnte. Und weil das jüdische Volk seinen eigenen Gesetzen und Traditionen gegenüber treu bleiben wollte, wurde es extrem verfolgt und brutal unterdrückt. Mit wirklich allen Mitteln versuchten die Seleukidenherrscher die Juden zu hellenisieren. Der

Hellenismus, den man sich als eine Art aus griechischen und vorderasiatischen Quellen gespeiste globalisierte Leitkultur der Antike vorstellen kann, sollte auch noch im letzten Winkel Judäas durchgesetzt werden. Und wer nicht mitmachte, wurde massakriert. Dem Glauben an Jahwe treu bleiben zu wollen, war gleichbedeutend mit Folter, Verfolgung und Tod.

Und was tat Gott? Gar nichts. Er schien sich aus dieser Situation herauszuhalten. Ganz anders als zu Zeiten des Mose und der großen Propheten war von ihm diesmal scheinbar keine Hilfe zu erwarten. Von daher überrascht es nicht, dass viele Juden der hellenistischen Versuchung nachgaben und sich an den Mainstream anpassten. Sie nahmen den »modernen« Lebensstil an und arrangierten sich mit den gegebenen Verhältnissen. Das war übrigens auch für das alltägliche Leben äußerst bequem und angenehm und deshalb fuhr man damit zumindest wohlfahrtstech-

nisch nicht schlecht. Die anderen Juden erga-
ben sich in düstere Weltuntergangsstimmung
und hofften weiterhin auf eine direkte militä-
rische Intervention Gottes.

In diesen dunklen Zeiten des jüdischen Volkes entwickelte sich in der religiösen Literatur
Israels eine Strömung, die man heute Apokalyptik nennt. In der Apokalyptik ging es nicht
einfach darum, von Gott den Sieg über die
gegenwärtigen Machthaber zu erhoffen. Im
Gegenteil: Die bösen Kräfte dieser Welt sollten gar nicht besiegt werden, sondern sie sollten sich selbst in den Untergang reiten. Die
Apokalyptiker waren davon überzeugt: Die
Feinde des jüdischen Gottes würden nicht
siegen, sondern vielmehr Zerstörung und
Vernichtung produzieren. Sie würden in die
Grube fallen, die sie selbst der Welt gegra-
ben hatten. Gott werde an ihrem Untergang
der Welt zeigen, wie es denen ergehen wird,
die sich von ihm abwenden. Dann erst, wenn
die Feinde Gottes die ganze Welt zugrunde

gerichtet haben, werde Gott wieder handeln und etwas ganz Neues aufbauen. Und diejenigen, die sich in der dunkelsten Zeit zu ihm bekannt haben, werden in seinem neuen Reich weiterleben. In einem Reich, das nicht irdisch, sondern ganz anders sein sollte.

Und ganz anders ging es auch in der Vorstellung des Sehers Johannes für die unterdrückten christlichen Gemeinden weiter. Die Zeit der Verfolgung und Not werde mit einem ordentlichen Knall zu Ende gehen. Allerdings mit ihr auch die Welt- und Herrschaftsverhältnisse, wie sie den Menschen seit Anbeginn bekannt waren. Das würde sich in einer Schlacht vollziehen, in der alle bösen Mächte von dem wieder in die Welt kommenden Herrn Jesus Christus und seinen himmlischen Heerscharen geschlagen und ein für alle Mal besiegt werden würden. Der Ort dieser Schlacht trägt übrigens den Namen Harmageddon – auch wieder so ein Name, den die Filmindustrie dankbar aufgegriffen hat.

Und so ging es für den Seher weiter: Die Welt, wie wir sie kennen und in der es Leid, Tod, Grausamkeit und Schrecken gibt, wird nach dieser Endschlacht aufhören, zu existieren. Aber weder wird dies das Ende der Welt noch das der Menschheit sein. Ganz im Gegenteil. Denn bekanntlich kommt das Beste zuletzt! Gott selbst wird für die verfolgten christlichen Gemeinden einen neuen Himmel und eine neue Erde schaffen. Alles wird dort genau so sein, wie Gott sich das wünscht. Dieses Königreich Gottes wird nicht von den Menschen aufgebaut, sondern von ihm selbst. Und dann könnten alle Bürger dieses neuen Königreiches glücklich und zufrieden leben – in Ewigkeit. Denn auch den Tod, der ja zu den Gesetzmäßigkeiten dieser Welt zählt, wird es nicht mehr geben.

So weit, so gut. Bis dahin könnten wir diese Vorstellungen auch in Werbeschriften mancher religiöser Sekten wiederfinden. Hat also der »Wachtturm« doch recht? Nein, hat er nicht. Denn wie es bei theologischen Schriften eben so ist, kann man sie weder wie ein Biologie- noch wie ein Geschichtsbuch und erst recht nicht wie eine Zukunftsprognose lesen. Das führt immer zu Fehlschlüssen, Missverständnissen und auch zu Enttäuschungen, wenn es nicht so kommt, wie man es erwartet. Nicht umsonst hat man aus diesem letzten Buch der Bibel unzählige Male ein konkretes Datum für das Ende der Welt zu errechnen versucht – es gibt uns aber immer noch.

Wir können die Offenbarung dementsprechend unmöglich verstehen, wenn wir die Situation der ersten Leser ignorieren. Sie werden aufgefordert, in der schwierigen Lage der Gemeinden dem Glauben treu zu bleiben. Das taten nämlich viele Christen damals nicht. Sie schlossen Kompromisse mit der sie umgebenden heidnischen Gesellschaft. Dagegen will Johannes in seiner Offenbarung aufrütteln und deutlich machen: In der Frage, wer »Herr und Gott« ist, kann es keine Kompromisse geben. Jeder Kompromiss mit den Gegnern Gottes ist ein Pakt mit dem Teufel – und so etwas führt nicht wirklich in den Himmel. Das Buch will also ein Wachrüttler für die Wankelmütigen und ein Stärkungsmittel für die Treuen sein.

Um diese Ziele zu erreichen, bediente sich Johannes einer symbolischen Bildersprache, die voller Anspielungen an das Alte Testament ist. Diese Bilder und Symbole waren den Menschen der damaligen Zeit vertraut. Sie verstanden, dass es sich nicht um Zukunftsvoraussagen handelte, sondern um Tipps für ihre konkrete Gegenwartsbewältigung. Glauben zu dürfen, dass in jedem Fall Gott das letzte Wort haben wird und nicht das »Tier«, von dem in der Offenbarung die Rede ist, ist eine unglaubliche Quelle der Motivation. Es hilft, in aller Anfechtung auf den Spuren Jesu zu bleiben. Das heißt, es ist leichter gut, sanftmütig und leidensbereit zu sein, wenn man weiß, dass man damit am Schluss gewinnen wird. Und das ist die Kernaussage der Offenbarung des Johannes. Diese Aussage galt vor knapp zweitausend Jahren und sie gilt auch heute noch. Der Untergang dieser Welt ist kein Weltuntergang, sondern ein Grund zur Freude. Das ist doch mal wirklich eine Überraschung. Und eine schöne sogar!

Der Autor

Prof. Dr. Thomas Schwartz, geb. 1964, studierte Theologie und Philosophie in Münster, Augsburg und Rom. Schwartz lehrt Angewandte Ethik und Unternehmensethik an der Universität Augsburg und ist Pfarrer in Mering. Er ist bekannt aus mehreren TV-Sendungen und gefragter Redner.

© Albert Niedermeyr